Das Liedernest

zusammengetragen von
LISELOTTE ROCKEL

für die Vorschule
und das erste und zweite
Grundschuljahr

Fidula-Verlag 5407 Boppard/Rhein

Spaß am Musizieren – das scheint mir auch heute noch ein berechtigtes, vielleicht das überzeugendste, Motiv für das Musizieren mit Kindern zu sein. Ein zweites gewinnt in der Diskussion um die Früherziehung mehr und mehr Bedeutung: Das Musizieren als Prozeß gleichsam spielerischen Lernens. Das Kind lernt den sprachlichen und musikalischen Rhythmus begreifen und übt sich darin, eigene sprachliche und musikalische Ideen zu entwickeln.

In diesem Sinne sind die meisten der in dieser Sammlung zusammengetragenen Lieder mit Kindern und Erziehern musiziert worden, bald von der Sprache, bald vom Rhythmus ausgehend, und immer darauf bedacht, die Freude am erfinderischen Mittun aller Beteiligten zu erhalten.

Die dabei gefundenen und erprobten Formen einer möglichst einfachen ostinaten Begleitung werden hier als Anregung weitergegeben. Auf eine genaue Fixierung des Instrumentariums habe ich bewußt verzichtet.

An wenigen, aber breit ausgeführten Beispielen wird – in dem Kapitel KINDERREIME – der Weg von der einfachsten sprachlichen Form über die Bewegung zur Musik gezeigt. Lieder und Sprüche lassen sich so nach Belieben durch improvisierte Zwischenspiele zu kleinen Kantaten zusammenstellen. Die im letzten Kapitel angebotenen Beispiele solcher größerer Stücke sind ebenfalls in der praktischen Arbeit entstanden.

Noch ein persönliches Wort: In diesem Buch werden erstmals die 9 letzten Kinderlieder veröffentlicht, die HANS POSER kurz vor seinem Tod geschrieben hat. Ihm, der das Entstehen des LIEDERNESTES mit hilfreichem Interesse verfolgt hat, weiß ich mich zu besonderem Dank verpflichtet.

Liselotte Rockel

Gestaltung: JOHANNES HOLZMEISTER

9. Auflage 1985 (125. Tausend)
Auflage (je 10.000): 13. 12. 11. 10.
Jahr: 90 89 88 87 86

INHALTSVERZEICHNIS MIT AUTOREN–ANGABEN

47	Elefant, fant, - fant	Karl Foltz	Karl Foltz
48	Wer hat Meiers Hund	Hans Poser	Hans Poser
49	Storch, Storch	Viktor Blüthgen	Richard R. Klein
50	Springt ein Häschen	Karl Foltz	Karl Foltz
51	Sieben kecke	Josef Guggenmos	Josef Monter
52	Auf unserm Speicher	Olga Stückrath	Richard R. Klein
53	Auf der grünen Wiese	Ortfried Poersel	Ortfried Poersel
54	Mäuschen, lauf	Karl Foltz	Karl Foltz
55	Vom Gänschen	Hanna Schachenmeier	Richard R. Klein
56	Guten Tag	Volksgut	Volksgut
57	Soviel Blümlein	Heinrich Breuer	Richard R. Klein
58	Der allerschönste Tag	Colberg/Poser	Hans Poser
59	Zum Geburtstag	Josef Monter	Josef Monter
60	Wir singen dir	Ortfried Poersel	Heinz Lemmermann
61	Alle Wetter	Hans Poser	Hans Poser
62	Bleib ein Weilchen	Wilhelm Bender	Wilhelm Bender
63	Was ist für ein Wetter	Friedrich Halm	Hans Poser,
64	Der Wind, der singt	Franz J. Koch	Richard R. Klein
65	Pitsch – patsch	Viktor Blüthgen	Wolfgang Hauck
66	Der Regen fällt	Karl Foltz	Karl Foltz
67	Hoch in der zweiten Wolke	Joachim Raedler	Liselotte Rockel
68	Dribb, drabb, drobb	Hans Poser	Hans Poser
69	Wenn der frische	Albert Sixtus	Richard R. Klein
70	Hundertzwei	James Krüss	Wilhelm Keller
71	Kühler wehen nun	Josef Leitgeb	Hans Poser
72	Falle, falle	Volksgut	Wilhelm Keller
73	Der Herbst zieht	Julie Kniese	Richard R. Klein
74	Zum Fenster schauen	Richard R. Klein	Richard R. Klein
75	Lobet, ihr Kinder	Volksgut	Karl Berg
76	Großer Gott	Volksgut	Wilhelm Keller
77	Ach, segne Herr	Anna Jäger	Wilhelm Keller
78	Du läßt die liebe Sonne	Volksgut	Liselotte Rockel
79	Alles lebt	Volksgut	Josef Strickling
80	Alle guten Gaben	Volksgut	Horst Weber
81	Dank dir, Herr	Volksgut	Liselotte Rockel
82	Du gibst uns	Martin Rinckart	Liselotte Rockel
83	Ich hab eine feine Laterne	Horst Weber	Horst Weber
84	Ich geh mit	Aus Holstein	Richard R. Klein
85	Licht in der Laterne	Eduard Döring	Eduard Döring
86	Laternen auf der Straße	Bruno Horst Bull	Hans Poser
87	Durch die Straßen	Lieselotte Holzmeister	Richard R. Klein
88	Martin, Martin	Volksgut/Klein	Volksgut
89	Komm auch zu uns	Lieselotte Holzmeister	Richard R. Klein
90	Ach, lieber Nikolaus	Hans Poser	Hans Poser
91	Nikolaus, bald	Hans Poser	Hans Poser
92	Lieber heilger Nikolaus	Hans Kulla	Hans Kulla
93	Holler boller Rumpelsack	Albert Sergel	Liselotte Rockel
94	Bimmelt was	Volksgut	Richard R. Klein
95	Siehe, dein Heiland	Bibelwort	Hadwig Michaelis

96	Wir sagen euch an	Maria Ferschl	Richard R. Klein
97	Ein Fünklein	Rudolf Otto Wiemer	Heinz Lemmermann
98	Seht, es naht	Lieselotte Holzmeister	Tschechoslowakei
99	Uns wird erzählt	Kurt Rommel	Kurt Rommel
100	Wie bin ich froh	Lieselotte Holzmeister	Richard R. Klein
101	Kommet, ihr Hirten	Tschechoslowakei	Wilhelm Keller
102	Ihr Hirten	Franz R. Miller	Franz R. Miller
103	Ihr Hirten, was ist	Lieselotte Holzmeister	Wilhelm Keller
104	Kommt, ach kommt	Lieselotte Holzmeister	Polen
105	Christ ist geboren	Agnes Kronberg	Polen
106	Über Bethlehems Fluren	Mathilde Oltmann	Mathilde Oltmann
107	Wir danken dir	Volksgut	Wilhelm Keller
108	Christus ist geboren	Lieselotte Holzmeister	Polen
109	Wir wollen heut singen	Berg. Land	Berg. Land
110	Lieber Herr Jesu	Lore Lichterfeld	Lore Lichterfeld
111	Wir wollen fröhlich	Volksgut	Volksgut
112	Kein Tierlein	von Brentano	Richard R. Klein
113	Gott wollen wir	von Vitzthum	Richard R. Klein
114	Ich bin erwacht	Volksgut	Wilhelm Keller
115	Lobt, ihr Kinder	Angelus Silesius	Richard R. Klein
116	Meine Zeit	Josef Monter	Josef Monter
117	Mein Herz ist	von Vitzthum	Richard R. Klein
118	Lob, meine Seele	Margareta Fries	Friedrich Zipp
119	Du gibst uns	Volksgut	Wilhelm Keller
120	Mein Hirte	von Vitzthum	Richard R. Klein
121	Lobet Gott	Volksgut	Paul Ernst Ruppel
122	Wer hat die Sonne	Volksgut	Hans Poser
123	Gott ist ohnemaßen	Arno Pötzsch	Horst Weber
124	Alles, was Atem hat	Johannes Petzoldt	Johannes Petzoldt
125	Alle Zeit	Josef Monter	Josef Monter
126	Daß ich springen	Josef Monter	Josef Monter
127	Mein Anfang	Volksgut	Horst Weber
128	Wo ich gehe	Volksgut	Horst Weber
129	In Gottes Namen	Volksgut	Liselotte Rockel
130	Gib mir	Volksgut	Wilhelm Keller
131	Jeden Schritt	Volksgut	Liselotte Rockel
132	Seht das große	Joachim Neander	Hans Poser
133	Lieber Gott, ich danke	Volksgut	Wilhelm Keller
134	Da der Tag	Lucie Gassinger	Hans Coenen
135	Die ganze Welt	Volksgut	Wilhelm Keller
136	Sternlein in der Nacht	Hans Poser	Hans Poser
137	Kranken Herzen	Volksgut	Wilhelm Keller
138	Nimm mein Herz	Hoechstetter/Woll	Wilhelm Keller
139	Wir rufen	Hoechstetter/Woll	Wilhelm Keller
140	Gott Vater	Hoechstetter/Woll	Wilhelm Keller
141	O segne, Herr	Hoechstetter/Woll	Wilhelm Keller
142	Erde und Himmel	Hoechstetter/Woll	Wilhelm Keller

143	Ei, wie langsam	Volksgut	
144	Klitzekleines Mäuschen	Volksgut	
145	Ridebide	Paula Dehmel	
146	Ding – dong – dell	Aus Holland	
147	Bim – bam – bommel	Aus Dänemark	
148	Ene, mene, ming	Volksgut	
149	Hopp, hopp, ho	Volksgut	
150	Didelda, didelde	Lucie Gassinger	Hans Coenen
151	Hei, mein Pferdchen	Frankreich	Heinz Lemmermann
152	Pferdchen, Pferdchen	Hanna Schachenmeier	Richard R. Klein
153	Pferdchen, greif aus	Karl Foltz	Karl Foltz
154	Kommt und laßt uns	Volksgut	Volksgut
155	Fass mich an	Hanna Schachenmeier	Richard R. Klein
156	Dreh dich um	Volksgut	Richard R. Klein
157	Kreisel, Kreisel	Hanna Schachenmeier	Richard R. Klein
158	Morgens früh	Volksgut	Josef Monter
159	Komm, wir wollen	Leni Gromann	Leni Gromann
160	In einem Hickehacke	Leni Gromann	Leni Gromann
161	Ging einmal im Regen	Thilde Lorenz	Thilde Lorenz
162	Wir schließen das Tor	Thilde Lorenz	Thilde Lorenz
163	Zwölf Fenster	Lieselotte Holzmeister	Hans Poser
164	Knusper, knusper	Hans Poser	Hans Poser
165	Sieben kleine Geißlein	Hans Poser	Hans Poser
166	Hans, der kommt	Hans Poser	Hans Poser
167	Wir sind die 7 Zwerge	Hans Poser	Hans Poser
168	Ich baue ein Häuschen	Ursula Schwarz	Richard R. Klein
169	Wir wolln zum guten	Thüringen	Thüringen
170	He, ihr Leute	Volksgut	Richard R. Klein
171	Guten Tag	Paula Dehmel	Richard R. Klein
172	Der Verkehr hat	L. Holzmeister	Liselotte Rockel
173	Mein Roller	Otto Scholz	Richard R. Klein
174	Wir fahren	Hanna Schachenmeier	Richard R. Klein
175	Türen zu	Volksgut	Richard R. Klein
176	Was ist mit unserm Auto	Betty Weber	Richard R. Klein
177	Ich steige in mein Auto	Rolf Heerdt	Richard R. Klein

KANTATEN IM KLEINSTFORMAT

Die Einzelstücke wurden den oben aufgeführten Liedern entnommen.

178	Sommerfest
179	Ball der Tiere
180	Auf dem Markt
181	Zirkus
182	Lob und Dank
183	Gottes Lob
184	Advent und Weihnachten

DIE INSTRUMENTE :

Holzblocktrommel

Gong

Triangel

Schellenband

Schellenrassel

Becken

Schellentrommel

Schlagstäbe

Rahmentrommel,
mit Schlägel geschlagen

P Pauke

Zimbel

Durchs Jahr

1

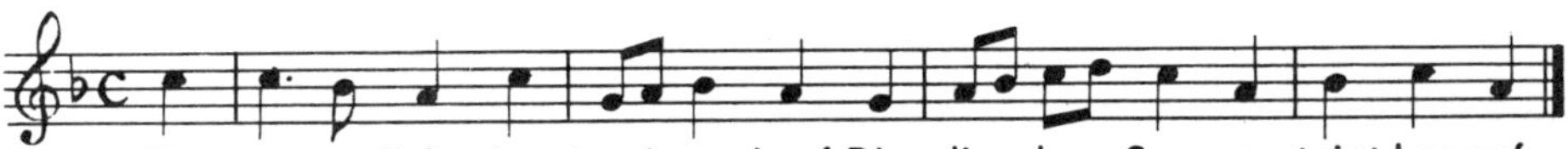

1. Ein neu-es Jahr nimmt sei-nen Lauf. Die lie-be Son-ne steigt her-auf.
2. Und Gott, der im-mer mit uns war, be-hüt uns auch im neu-en Jahr.

2

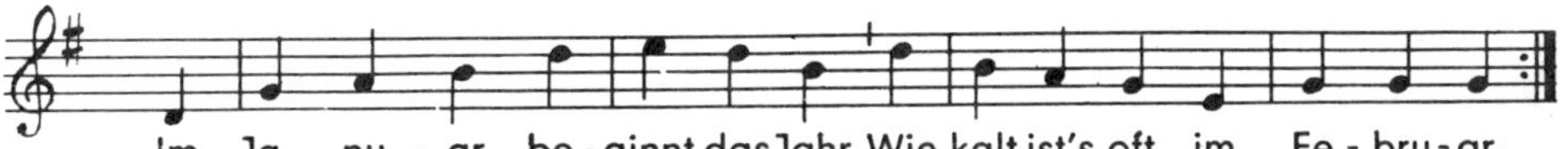

Im Ja-nu-ar be-ginnt das Jahr. Wie kalt ist's oft im Fe-bru-ar.
Im März der Win-ter schei-den will. Der O-ster-has kommt im A-pril.
Im Mai freut sich die gan-ze Welt. Im Ju-ni blüht das Korn im Feld.
Im Ju-li pfückt man Kirsch und Beer. Au-gust plagt uns mit Hit-ze sehr.
Sep-tem-ber reift den gu-ten Wein. Ok-to-ber fährt Kar-tof-feln ein.

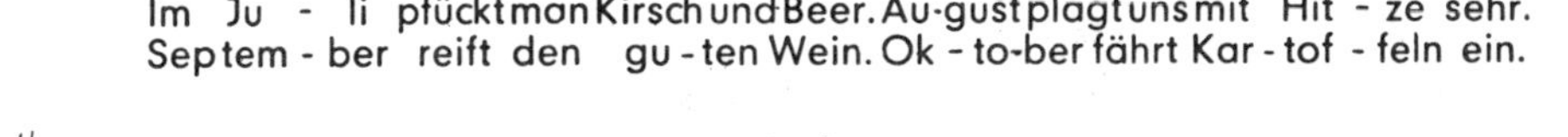

No-vem-ber-ne-bel auf Dorf und Stadt. Und im De-zem-ber Ge-burts-tag hat

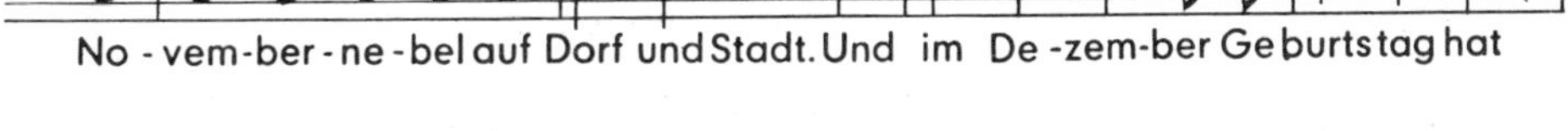

Je-sus Chri-stus, der Hei-land mein, in Sei-nem Se-gen das Jahr soll sein.

3

2. Was ist das für ein Leben! Sie tanzen und sie schweben, sie jagen sich und fliegen, der Wind bläst vor Vergnügen.

3. Und nach der langen Reise, da setzen sie sich leise aufs Dach und auf die Straße und dir frech auf die Nase.

4

2. Wald und Wiesen, Hof und Hecken, alles steckt in weißen Decken.
Und im Garten jeder Baum, jedes Bäumchen voller Flaum.

3. Jetzt hinaus! Wenn's noch so stürmt, wird ein Schneemann aufgetürmt.
Dick und rund und rund und dick steht er da im Augenblick.

5

6

2. Schneeflöckchen, tanze,
tanze auf und nieder,
daß wir neben unserm Zaun
können einen Schneemann baun.
Schneeflöckchen tanze.

7

8

2. Schnee und Eis, Schnee und Eis ist ihm grade recht, und vergnügt ist sein Gesicht, wenn der Frost mit scharfen Nadeln sticht, sticht, sticht.
3. Kommt die Sonn', kommt die Sonn', wird der Mann ganz dünn, und auf einmal ist er weg, und dann sieht man nur 'nen nassen Fleck, Fleck, Fleck.

9

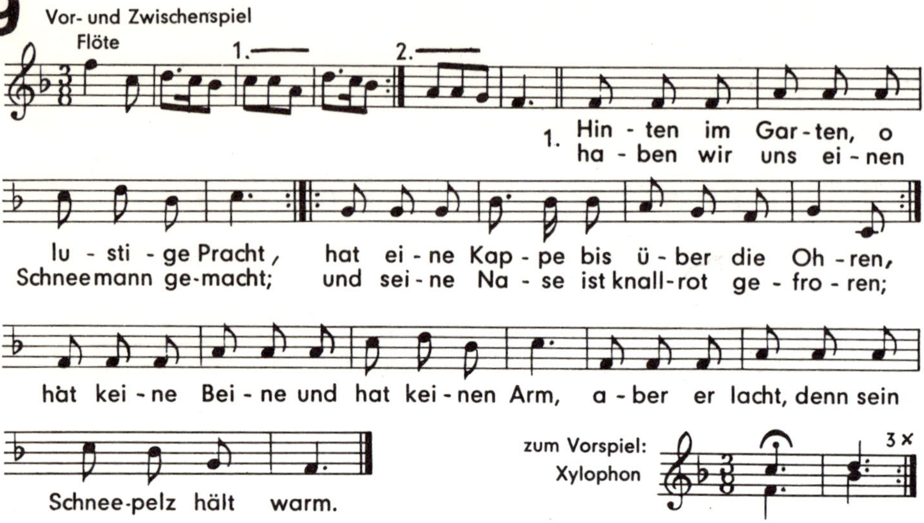

2. Weiß ist der Garten, wohin ich auch seh': Winter, willkommen mit Eis und mit Schnee! Vöglein, ihr kleinen, auch ihr sollt euch freuen, Körner und Kuchen woll'n wir euch streuen. Schneit's auch noch toller um Hecken und Höh'n, heissa - juchhe, auch der Winter ist schön.

10

11

2. Rums dideldums didel Fidelbogen. Heute wird durchs Dorf gezogen. Keiner soll uns Narren kennen, uns bei unserm Namen nennen.

Dazu: Ostinato

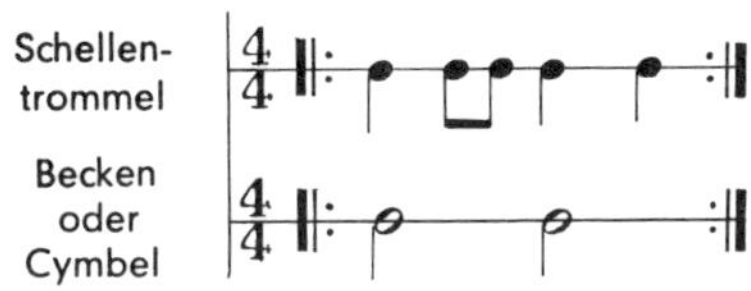

Vor – Zwischen – Nachspiel: auch gesprochen

12

2. Räbete, räbete, kling, kling, kling, kling, kling, klingeling. Räbete, räbete, kling, kling, kling. Die Musik ist da.

3. Räbete, räbete, tschin, tschin, tschin, tschin, tschin, tschindara. Räbete, räbete, tschin, tschin, tschin. Die Musik ist da.

P P P P P P P P

4. Räbete, Räbete, bum, bum, bum, bum, bum, bumbumbum. Räbete, räbete, bum, bum, bum. Die Musik ist da.

Ostinato: Melodie Instument

13

2. Zur Fasenacht, zur Fasenacht hab ich 'ne lange Nase und setze mir das Hütchen auf von meiner kleinen Base.

Dazu Ostinato:

auch Vor-Zwischen- Nachspiel

Melodie-Instrument

Trommel

14

Ostinato: (möglichst Alt-Xyl. oder Alt-Glockenspiel) bis zum Kehrreim,

der Leiermann trägt eine Schellentrommel und spielt beim Kehrreim mit

15

16

Fi li fi li fei △
tü li tü li tü - Schellen u. Flöte
Tä tä rä - Holzröhrentrommel
Zimpe zimpe zir - Cymbel
Schrumm, schrumm - Pauke

2. Was macht meine kleine Flöte? :Tü li tü li tü: macht meine kleine Flöte.
3. Was macht meine kleine Trompete? :Tä tä rä tä tä: macht meine kleine Trompete.
4. Was macht meine Mandoline? :Zimpe zimpe zirr: macht meine Mandoline.
5. Was macht mein großer Brummbaß? :Schrumm, schrumm, schrumm: macht mein großer Brummbaß

Ostinato nur auf den verschiedenen Silben.

17

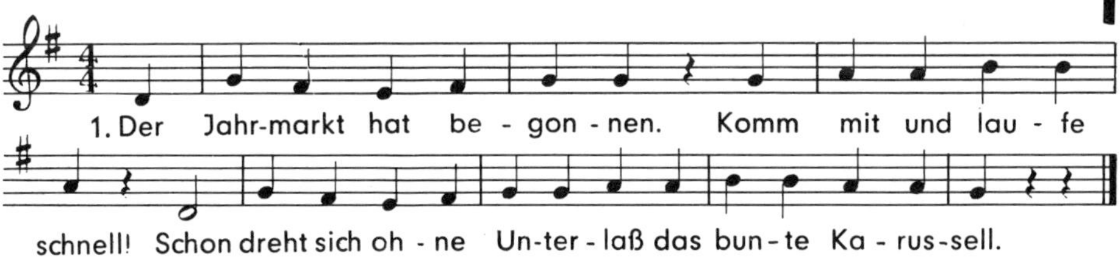

2. Zwar dreht es sich im Kreise und kommt nicht von der Stell, doch hat's die ganze Welt gesehn, das bunte Karussel.

3. Ein großer, roter Löwe, ein Nilpferd und ein Gnu, ein Tiger und ein Elefant, die drehn sich immerzu.

18

2. Buden, Brezeln und Bananen, Luftballons und bunte Fahnen. „Hier Indianer! Fritz, komm schnell!" „Nein! Ich fahre Karussel!"

Schlaginstrumente können beliebig eingesetzt werden

19

20

2. Es grünen die Wälder, es grünen die Felder,
die Blümelein sprießen in Gärten und Wiesen . . . .

3. Es lachen die Himmel, es lachen die Erden,
es freuet sich alles, wenn Frühling will werden . . . .

21

2. Blauer Himmel in der Höh, Sonne kommt gegangen. Wolln die Strahlen fangen!

3. Bäumchen streckt die Zweige aus. Alle Vögel singen. Alle Lieder klingen.

22

23

Ostinato:

(auch Vor-, Zwischen-, Nachspiel)

2. Und im Hühnerstall sitzt das brave Huhn, hat zur Osterzeit schrecklich viel zu tun. Legt so fleißig in das Heu jeden Tag ein frisches Ei, hinterher, da ruft es klug: Tuck-tuck-tuck-tuck-tuuuk!

24

2. Und eins, zwei, drei hopst er herbei, winkt dir noch mit der Pfote, ein Ei für dich und noch ein Ei, viel' gelbe, blaue, rote.

25

Ostinato: (Vor-Zwischen- Nachspiel)

2. Has, Has, Osterhas, mit deinen bunten Eiern! Der Star lugt aus dem Kasten raus. Blühkätzchen sitzen um sein Haus. Wann kommst du Frühling feiern?

3. Has, Has, Osterhas, ich wünsche mir das Beste: ein großes Ei, ein kleines Ei, dazu ein lustig Didldumdei. Und alles in dem Neste.

Passion
Ostern

26

27

28

Zur Ausführung:

Der Chor wird in zwei Gruppen geteilt

Gruppe 1 (Mädchen) singt die Fragen Marias,

Gruppe 2 (Buben) die Antworten.

30

31

32

3. Ihr habt jetzt gehört, was zu Ostern geschehn, drum laßt auch vor andern die Freude recht sehn: Christus ist nicht mehr tot, Gott hat ihn auferweckt!

33

34

1. Son - ne scheint ins Land hin - ein, macht es hell mit ih - rem Schein.

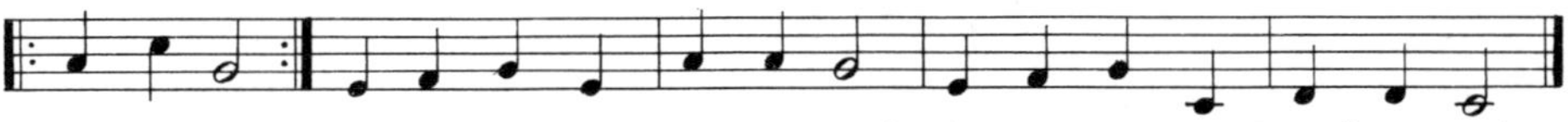

Lo - bet Gott! Lo - bet Gott für die - se Pracht, der sie uns zur Freud' ge - macht.

2. Vöglein singen hell und klar, bringen Gott ihr Loblied dar. Lobet Gott . . .

3. Blumen blühen bunt und schön. Lustig sind sie anzusehen. Lobet Gott . . .

4. Schauet über Berg und Tal, seht den Sommer überall! Lobet Gott . . .

Ostinato: Kehrreim

35

1. Der Mai, der lie - be Mai zieht ein la - ri - da, juch - hei,
mit Lied und hel - lem Son - nen schein, la - ri - da juch - hei!

2. Da singen Vöglein jung und alt, sie singen in dem grünen Wald . . .

3. Der Mai, der liebe Mai zieht ein mit Blumenpracht in Feld und Hain . . .

4. Sie blühen rot und gelb und blau, sie blühen in der grünen Au . . .

36

1. Kommt die lie - be Som - mer - zeit, trägt der Wald ein grü - nes Kleid
2. Wenn du dann den Kuk - kuck fragst, wie lang du noch le - ben magst,

und der Kuk - kuck, Kuk - kuck, Kuckuck, der Kuk - kuck, der Kuk - kuck schreit.
ruft der Kuk - kuck, Kuk - kuck, Kuckuck, der Kuk - kuck wohl hun - dert - mal.

als Vorspiel und Zwischenspiel jeweils einige Male auf dem Glockenspiel den Kuckucksruf andeuten: im Lied auf Kuckuck

37

Melodie I ist für größere Kinder, Melodie II für kleine Kinder, die dies Lied immer mit dem geflüstertem „Sonne komm" beginnen.

2. Liebe, liebe Sonne, schein auf unser Haus, liebe, liebe Sonne, komm doch bald heraus. Alle, alle Kinder stehn am Gartenzaun, wolln den blauen Himmel und die Sonne schaun.

3. Liebe, liebe Sonne, höre unser Flehn, liebe, liebe Sonne, laß dich endlich sehn. Unsre ganze Erde schaut zu dir hinauf, liebe, liebe Sonne, schließ den Himmel auf.

38

als Vorspiel sollte der Ostinato nur gesprochen werden, leise beginnend, während des Singens kann ein Melodieinstrument den Ostinato übernehmen.

39

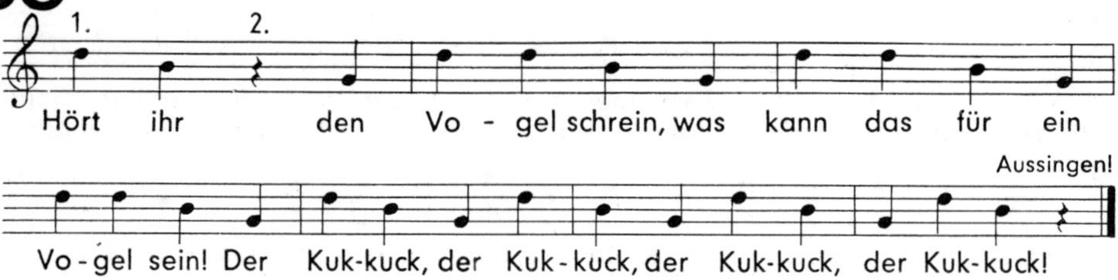

Der Kuckucksruf kann hier auf den verschiedenen Instrumenten vorher gespielt werden: auf dem Sopran-Instrument der „junge Kuckuck,", also in schneller Folge, auf dem jeweils tiefen Instrument dann langsamer, so daß die Kinder sagen können, ob Kuckucks Vater, -Mutter oder Großmutter zu hören sind.

40

Vor- und Nachspiel: Hier kann der Kuckuckruf auch leise mitgesprochen oder gesungen werden

41

2. Amsel, Drossel, Fink und Meise stimmten längst ihr Instrument. Schon erklingt die erste Weise, Meister Specht ist Dirigent.

3. Wie das flötet, wie das klinget hoch im Baum! Und wie zum Spaß zupft ein alter schwarzer Rabe liebevoll den Brummelbaß.

Ostinato:
auch Vor-Zwischen-Nachspiel

42

Ostinato:
auch Vor
und Nachspiel

2. Der Kuckuck schlägt die Trommel gut, die Lerche steigt empor und schmettert mit Trompetenklang voll Jubel in den Chor.

3. Musikdirektor ist der Specht, er hat nicht Rast noch Ruh, schlägt mit dem Schnabel, spitz und lang gar fein den Takt dazu.

43

Dies Lied als Wechselgesang singen lassen, die Nachtigall evtl. nur von einem Kind, das dann auch die Triangel selbst spielt, auch der Floh sollte solistisch besetzt sein.

44

2. Strophe mit vertauschten Gruppen

2. Fliegt geschwind zur Wiese hin! Blumen winken mit den Köpfen, fliegt zu euren Honigtöpfen, ist gar leckrer Honig drin, ja drin.

3. Eilt! Nicht länger wartet mehr! Seht, die bunten Schmetterlinge sind schon lange guter Dinge. Eilt! sonst sind die Töpfe leer, ja leer.

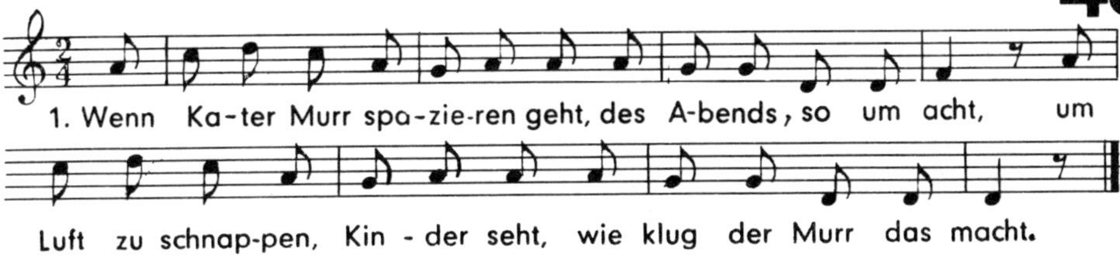

2. Der Murr, der ist ein Großstadtkind, der Murr, der ist nicht dumm!
Er läuft nicht auf die Straße blind. Er guckt sich dreimal um.

3. Seht! An der Kreuzung macht er halt. Die Ampel leuchtet rot.
Er ist zwar erst acht Monat' alt, doch weiß er, Rot heißt Tod!

4. Die Ampel wird jetzt gelb, dann grün. Der Murr voll Eleganz
stapft mitten durch die Autos hin mit hoch erhob'nem Schwanz.

5. Im Park spielt er bis in die Nacht und singt: „Mioooh!" – so schön!
Und wer wie Murr sich nimmt in acht – darf auch alleine gehn.

(Die Kinder stellen den Kater, Ampel usw. dar.)

Dazu: Ostinato

2. Es trank vom kühlen Blumentau, nahm Abschied dann von seiner Frau und marschierte froh von dannen.

3. Da kam es an ein großes Haus, da schaut Frau Maus zum Fenster raus, ihre scharfen Zähne blitzten.

4. Das Käferlein macht brummelbrumm und kehrt ganz eilig wieder um und verschob die ganze Reise.

Auf la, la ... Klanghölzer
2. Vers „und marschierte ... Pauke – Vers 3 „Haus"

3. Vers „scharfen Zähne blitzten" Zimbel
4. Vers mit Pauke auf G

47

Bis: „Schlüssel" mit Holz-Schlagwerk und Schellen. Ab: „Armer Elefant" nur gesungen.

48

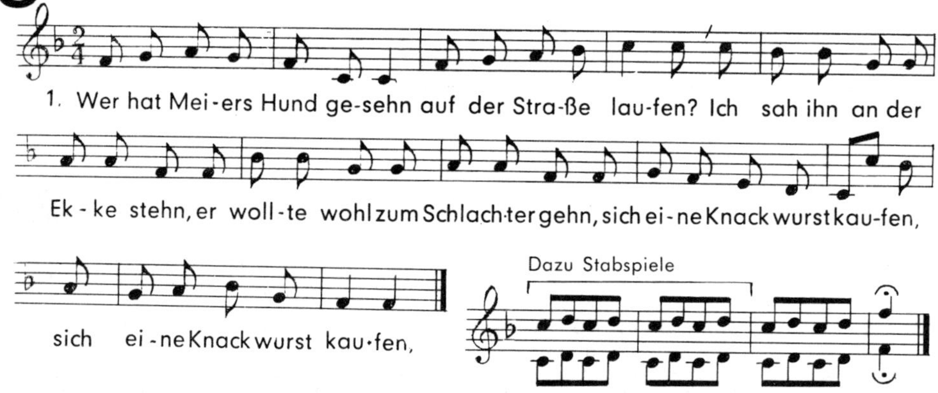

2. Wer hat Meiers Pferd gesehn auf der Straße traben? Ich sah es an der Ecke stehn, es wollte wohl zum Kaufmann gehn und Zuckerstückchen haben.

3. Wer hat Meiers Katz gesehn auf der Straße schurren? Ich sah sie an der Ecke stehn, sie wollte wohl ins Kino gehn, mit Mickymaus zu schnurren.

4. Wer hat Meiers Frosch gesehn auf der Straße hüpfen? Ich sah ihn an der Ecke stehn, er wollte wohl ins Freibad gehn, ins frische Wasser schlüpfen.

5. Wer hat Meiers Hahn gesehn auf der Straße springen? Ich sah ihn an der Ecke stehn, er wollte wohl zum Hühnchen gehn, ein Liedlein mit ihm singen.

Ostinato: Mit dem Lied zusammen beginnen, dann auslaufen lassen. Zu jedem neuen Vers ein neues Schlaginstrument oder selbst mit Klatschen und Stampfen Bewegungen hinzutun.

49

Teil B und C mit kleinem Schlagwerk ad lib
Teil D nur gesungen oder auch gesprochen.

50

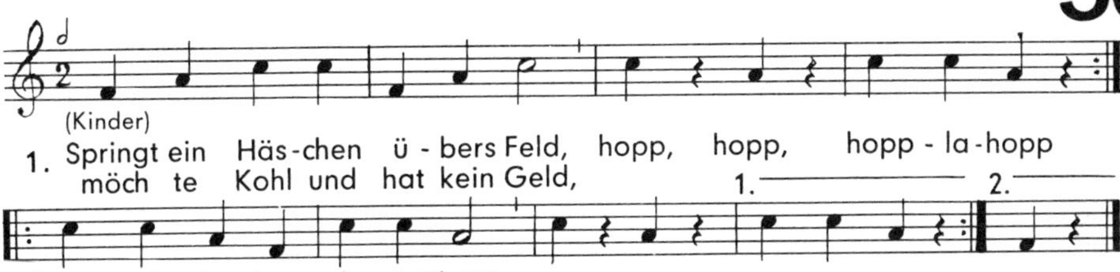

(Hase)

2. Ach, mein Magen ist so leer! Hopp ... Schenkt mir noch ein Blättchen mehr, hopp ... daß ich besser laufen kann, hopp ... schießt auf mich der Jägersmann. Hopp ...

(Kinder)

3. Seht doch, wie's dem Häschen schmeckt, hopp ... wie es schnalzt und wie es schleckt: Hopp ... „Doch jetzt lauf nach Haus geschwind, hopp ... eh Dich hier der Jäger find't." Hopp ...

Ostinato:
auch Vor-Zwischen-Nachspiel

Bei hopp: Klatschen und Röhrentrommel

51

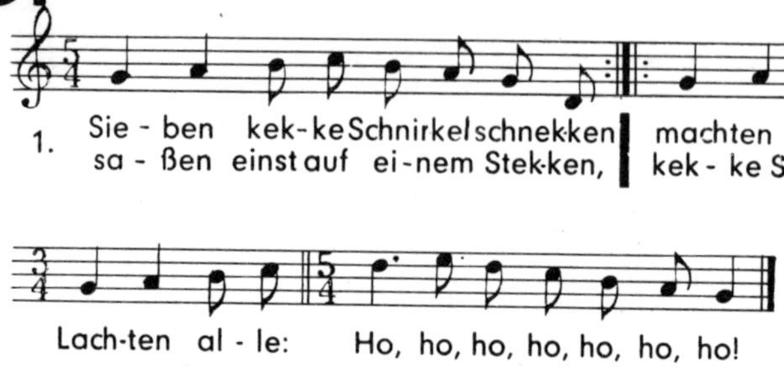

2. Doch vor lauter Ho-ho-Lachen, Schnirkelschneckenwitzemachen fielen sie von ihrem Stecken, alle sieben Schnirkelschnecken. Liegen alle da. Ha, ha, ha, ha, ha, ha!

52

2. Was tanzt dem Mäuslein hinterdrein, mein Schatz? Was mag es sein? Was mag es sein? Ne Katz! Das ist mal so im Bauernhaus: daß vor dem Kätzlein tanzt die Maus. Der Daus!

3. So tanzen sie bis Morgenrot. Ade! Dann beißt die Katz das Mäuschen tot. O weh! Das ist mal so im Bauernhaus: Die Katze tanzt die Mäus hinaus. Der Daus!

53

2. Doch die Mutter freut sich nicht, macht ein ängstliches Gesicht, jagt die klitze-kleine Maus wieder aus dem Haus.

3. Ach, wie war das Mäuschen froh, quietschvergnügt und tanzte so, huschte schließlich klitzeklein ins Mauseloch hinein.

Ostinato:

54

2. Die Milch hast du verschlabbert, den Käse angeknabbert. Lauf nur . . .
3. Auch Wurst hast du gestohlen, soll dich die Katze holen? Lauf nur . . .
4. Sogar den guten Kuchen, den mußtest du versuchen! Lauf nur . . .

55

2. Die Blumen im Garten, der Vogel im Strauch, die Hasen im Felde, die schlafen nun auch.
3. Der Mond und die Sterne, die schauen herein, ob die Kinder schon schlafen. Drum Liebling, schlaf ein!

56

Anmerkung:
a) Pauke: nach Belieben
b) Beim „Tralala" Schellentrommel und Triangel mit der Pauke.
c) Zwischen- und Nachspiel: Schellentrommel in freier Improvisation.

57

2. Soviel mal im Sommerregen Tropfen fallen allerwegen, soviel Stunden hat das Jahr, soviel und noch öfter gar soll der liebe Gott dein Leben ganz mit Glück und Gnad umgeben!

58

59

Die ganze **Gruppe** im Kreis. Das Geburtstagskind in der Mitte

GEBURTSTAGSKIND: 7 (5 oder 6 oder 8) Jahre!
1. KIND: Sieben Jahre erst? Du sollst noch viel älter werden!
GEBURTSTAGSKIND: Wie alt denn?
1. KIND: So alt wie eine Schildkröte!
2. KIND: Und groß wie eine Mondrakete!
GEBURTSTAGSKIND: Dankeschön! Da habe ich aber viel Zeit!

ALLE KREISKINDER:

(1. Kind gibt dem Geburtstagskind einen „kostbaren" Bonbon, 2. Kind einen Luftballon)

GEBURTSTAGSKIND: Und wo habt ihr die Rosinen?

ALLE KREISKINDER:

Alle Kreiskinder streicheln sich die Bäuche und summen durch alle Tonhöhen:

VORSCHLÄGE: Die **Gruppe** legt sich zu Beginn des Schuljahres eine „Geburtstagskiste" zu. Diese enthält außer Bonbons und Luftballons von der Klasse hergestellte Bilder und Basteleien. Nach Schluß des Liedes wählt sich das Geburtstagskind ein Geschenk aus der Kiste.

61

2. Autos rasen durch die Straßen, dicke Pfützen hoch aufspritzen. Regenschirm, ein guter Schutz, ist für unten garnichts nutz.

3. Lustig klopfen Regentropfen auf die Steine, an die Beine. Kocht euch heißen Fliedertee, der vertreibt das Magenweh.

4. Regengüsse, kalte Füße, Schnupfen, Prusten Dauerhusten: Pfefferminze und Menthol machen wieder pudelwohl.

DAZU:

Xylophon:

Holzblock:
immer in Achteln

62

2. Bleib ein Weilchen unterstehn! Der Regen wird vorübergehn. Sonne kommt gezogen, malt den Regenbogen. Bleib ein Weilchen unterstehn! Der Regen wird vorübergehn.

63

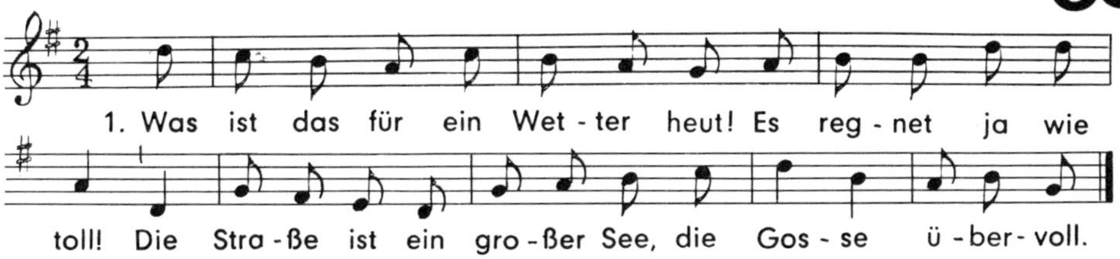

2. Der Sperling duckt sich unters Dach, so gut er eben kann, und Nero liegt im Hundehaus und knurrt das Wetter an.

3. Laß regnen, was es regnen will! Laß allem seinen Lauf! Und wenns genug geregnet hat, so hörts auch wieder auf.

64

3. Es trommelt auf dem Regendach, trum, trum und macht der Maus die Kinder wach. .
4. Der Wind, der ist ein Wundermann. Hui, hui, hi der sagt vorher das Wetter an. Hui . .

Ostinato:
Regenvorspiel mit leichtem Schlagwerk und Xylophon

Ostinato
während des Liedes:

65

2. Pitsch, patsch, es hilft doch nix. Ich muß nach Hause tappen. Und weil ich keine Kutsche hab', so geht's auf Schusters Rappen.

Dazu Ostinato:
Xylophon

66

Klanghölzer durch alle Verse von Anfang bis Ende – beliebig, beim Kehrreim Röhrentrommel bis patsch dazu und auf Plum – plum Paukenschläge.

67

2. Der Plock, das ist ein Range, ein wilder Regentropf. Er hört nicht auf die Eltern, hat seinen eig'nen Kopf.

3. Er springt von Wolk' zu Wolke, sogar bei Sonnenschein, und tropft's euch auf die Nase, dann kann's der Plock nur sein.

68

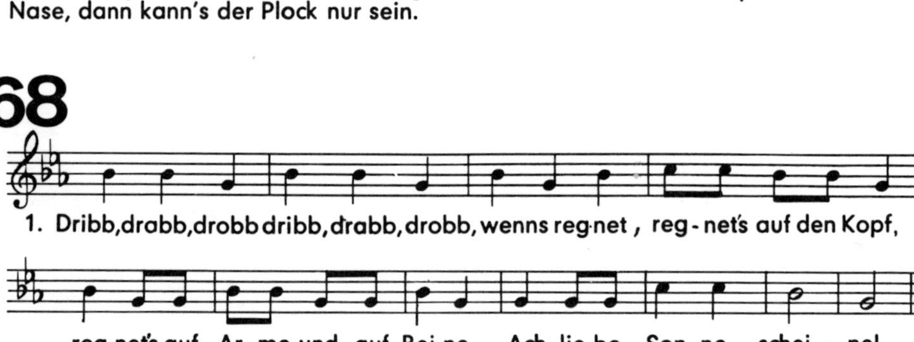

2. Dribb, drobb, drabb, dribb, drobb, drabb, ein jedes Blümchen kriegt was ab und auch die Bäume und die Steine. Ach, liebe Sonne, scheine!

Der Regen könnte mit den Fingern auf die Tisch- oder Stuhlplatte getrommelt angedeutet werden.

69

70

leise anfangen -
dann steigern, auch gesprochen

2. Hundertzwei Gespensterchen haben mich erschreckt. Weit entfernt vom Fensterchen hab ich mich versteckt.

3. Hundertzwei Gespensterchen waren plötzlich fort. Schlich mich schnell zum Fensterchen. Fand sie nicht mehr dort.

4. Hundertzwei Gespensterchen, denkt euch, wie famos, waren an dem Fensterchen Regentropfen bloß!

71

2. Arm an Blättern stehn die Äste, alle hat der Sturm verweht· Krähen sind die letzten Gäste, wenn der Bauer pflügt und sät.

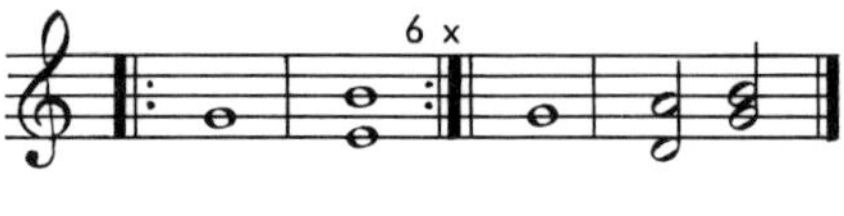

3. Aber Früchte aller Arten, Äpfel, Nüsse, süß und gut, pflückt und schüttelt man im Garten, wenn es nicht der Herbstwind tut.

72

73

2. Der Sausewind, der wilde, der ruft sie all zum Tanz, die roten und die gelben. Ein ganzer bunter Kranz!

3. Sie drehen sich so lustig und tanzen rund im Kreis und wirbeln fort ins Weite. Wohin? Wer weiß, wer weiß!

74

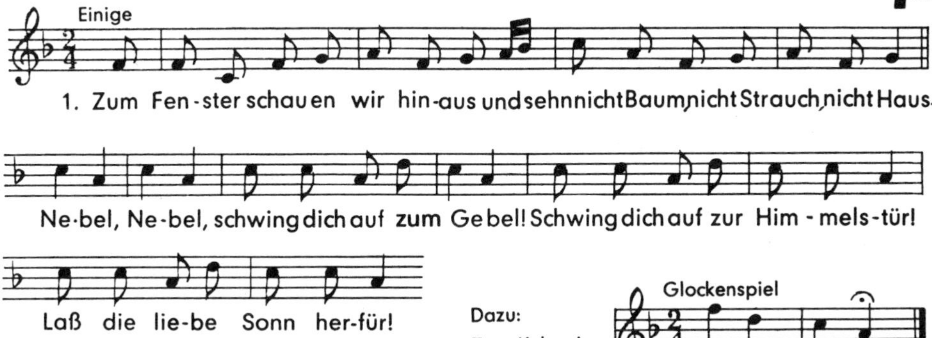

2. Kein Auto fährt, kein Hündlein springt, kein Kätzlein schleicht, kein Vogel singt. Nebel, Nebel . . . .

Dazu:
Zum Kehrreim auch als Nachspiel

Erntedank

75

76

Gro - ßer Gott, wie gut bist Du! Lie - ber Gott, wir dan-ken Dir.
Du hast die Welt ge - schaf - fen, lie - ber Gott, wir dan - ken Dir.
Du hast Mensch und Tier er - schaf - fen, lie - ber Gott, wir dan - ken Dir.
Du läßt die Bäu - me wach-sen, lie - ber Gott, wir dan - ken Dir.
Du läßt die Blu - men blü - hen, lie - ber Gott, wir dan - ken Dir.
Du läßt die Früch - te rei - fen, lie - ber Gott, wir dan - ken Dir.
Du gibst uns Brot und Trau - ben, lie - ber Gott, wir dan - ken Dir.
Du gibst uns Trost und Spei - se, lie - ber Gott, wir dan - ken Dir.
Sei ge - lobt in E - wig - keit. A - men.
Durchgehende Begleitung
(Metallophon)

77

1. Ach seg - ne, Herr, mit Dei-ner Hand die vie-len Früch-te auf dem Land: Wend ab Frost, Ha - gel, Don-ner-schlag und al - les, was uns scha - den mag.
2. Du hast die Blu-men auf dem Feld, die bun-ten Wie-sen wohl be-stellt. Du gibst uns Re - gen, Son-nen-schein, wir al - le wol - len dank - bar sein.

78

Du läßt die lie - be Son - ne schei - nen, schaffst Re - gen auch zu sei - ner Zeit; und seg - nest dei - ne schö - ne Er - de mit Wachs - tum und mit Frucht - bar - keit.

79

1. Al - les lebt von dei - nen Ga - ben,
Va - ter, was wir sind und ha - ben,
1. al - les Gu - te
2. Dei - ner Kin - der Au - gen schau - en
zu dir, Va - ter, mit Ver - trau - en;
2. o, du hilfst uns
3. Du hast uns noch nie ver - ges - sen,
gib auch heu - te uns zu es - sen,
3. seg - ne, Va - ter,
kommt von dir, al - les Gu - te kommt von dir.
je - den Tag, o, du hilfst uns je - den Tag.
was du gibst, seg - ne, Va - ter, was du gibst.

80

Al - le gu - ten Ga - ben,
al - les, was wir ha - ben, kommt, o Gott, von Dir, Dank sei Dir da - für.

81

Dank dir, Herr; mit gu - ten Ga - ben fül - lest du das gan - ze Land.
Al - les, was wir sind und ha - ben, kommt aus dei - ner Va - ter - hand.

82

Du gibst uns Kleid und Brot, du hilfst aus al - ler Not, gibst Son - nen -
ad lib.
schein und Re - gen, hab Dank für dei - nen Se - gen. A - men.

83

2. Ich trag meine feine Laterne ganz ruhig vor mir her; ich hab sie ja so gerne, sie wird mir nicht zu schwer. Laternenlicht . . .

84

2. Wir singen fröhliche Lieder, bis unsre Laterne geht aus. Doch morgen kommen wir wieder und ziehn in die Nacht hinaus. : Mein Licht ist aus, ich geh nach Haus. Rabimmel, rabammel, rabumm. :

85

2. Alle Leut es sehen, wenn wir Laterne gehen.
3. Und wir Kinder singen, daß alle Straßen klingen.
4. Laßt von uns euch sagen: du sollst ein Lichtlein tragen!

86

87

2. Wie die Blumen in dem Garten blühn Laternen aller Arten: rote . . .

3. Und wir gehen lange Strecken mit Laternen an den Stecken: rote . . .

88

2. Martin, Martin, Martin ritt durch dunklen Wald, Wind, der wehte bitterkalt. Saß am Weg ein Bettler alt, wäre gar erfroren bald.

Dazu: Ostinato

3. Martin, Martin, Martin hält und unverweilt seinen Mantel mit ihm teilt. Ohne Dank er weiter eilt. Bettlers Not war nun geheilt.

4. Martin, Martin. Martin ist ein frommer Mann. Stimmt ihm frohe Lieder an, daß er oben hören kann, was er unten hat getan.

89

90

91

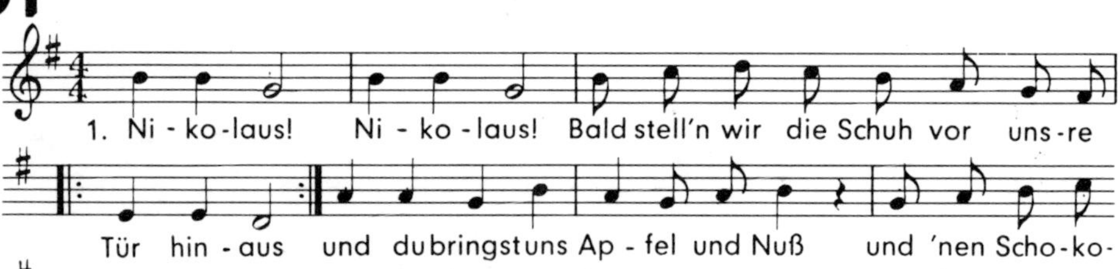

2.
Aus dem Wald kommst du bald, hast dein volles Säckelein dir umgeschnallt, schüttel es nur tüchtig aus, denn wir sind 'ne Menge Kinder hier im Haus.

3. Nikolaus, Nikolaus! Wann kommst du denn endlich mal in unser Haus? Alle Kinder, groß und klein, wollen immer artig und gehorsam sein.

92

93

2. Knackt die Schale, springt der Kern,
Weihnachtsnüsse ess' ich gern.
Komm bald wieder in dies Haus,
alter, guter Nikolaus!

94

2. Aus dem Schlitten vor dem Haus steigt der Nikolaus heraus, durch den Schnee stapft er daher und trägt einen Sack gar schwer.

3. Guten Kindern in dem Haus leert er seinen Sack wohl aus. Kling und klang und kling und klang, weiter geht's die Straß entlang.

Advent

Weihnachten

95

96

97

98

1. Seht, es naht die hei - li - ge Zeit. Singt dem Je - sus - kna - ben!
Macht euch freu - dig al - le be - reit, lo - bend teil - zu - ha - ben,

Ostinato:

2. Tageshell wird dunkelste Nacht, Gottes Engel singen: „Frieden hat euch Christus gebracht, laßt die Herzen klingen!"

99

A

1. Uns wird er - zählt von Je - sus Christ, daß er als

Mensch ge - bo - ren ist, daß er als Mensch ge - bo - ren ist.

B

Christ ist ge - bo - ren!

C

Da - rü - ber freun wir uns! —

2. . . daß er ganz arm geworden ist.
3. . . daß er uns Bruder worden ist.
4. . . daß er die Tür zum Vater ist.
5. . . daß er die Liebe Gottes ist.

Teil A: Flöte oder Glockenspiel spielen die 1. Zeile vor.

Teil C: Melodie–Instrumente

100

Wie bin ich froh, wenn Weih-nacht ist, dann hat Ge - burts - tag

Je - sus Christ. Dann öff - net sich in Lob und Preis die Tür zum Pa - ra - deis.

Ostinato
auch: Vor- und Nachspiel

101

2. Wahrlich, die Engel verkündigen heut
Bethlehems Hirtenvolk gar große Freud.
Nun soll es werden Friede (auf Erden, den Menschen
allen ein Wohlgefallen.) Ehre sei Gott!

Ostinato:

Schlagwerk dazu

102

103

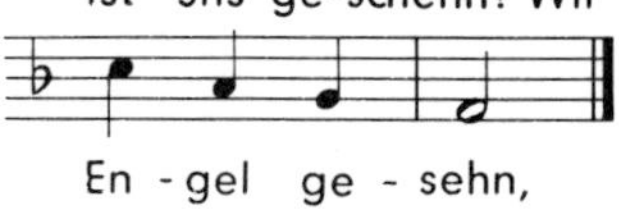

2. Zuerst stand ein Engel im taghellen Licht,
der sprach zu uns Hirten: „O fürchtet euch nicht!
O fürchtet euch nicht!"

3. Heut ist euch geboren der Heiland der Welt als Kind in der Krippe.
Maria es hält, Maria es hält.

4. Es sangen die Scharen der Engel vom Kind, vom Frieden den Menschen,
die friedliebend sind, die friedliebend sind.

5. So singt auch, ihr Hirten, und flötet und spielt! Und dankt Gott dem Herren,
der lieb uns behielt, der lieb uns behielt.

104

Ostinato:

2. Kommt, ihr Hirten, nehmt ein paar Geschenke mit;
Flöten und Schalmei'n beflügeln unsern Schritt.
Singt und spielt im Stalle, neigt euch gläubig alle vor dem Kind…

Hier kann kleines Schlagwerk dazu eingesetzt werden (Klanghölzer, Schellen, Rasseln)

105

2. Gebt Gott die Ehre, singt den Menschen Fried, jubelt mit Freuden, singt ein neues Lied: Heut ist uns der Herr geboren, ohne ihn war'n wir verloren. Heilig ist die Nacht, heilig ist die Nacht!

106

1. Ü - ber Beth - le-hems Flu - ren leuch - tet ein hel - ler Schein. Wir

fol - gen sei - nen Spu - ren bis hin zum Kin - de - lein.

2. In dem Stall bei den Tieren liegt es auf Heu und Stroh. Die Engel jubilieren, und unser Herz wird froh;
3. denn im Kind in der Krippen kommt Gott, der Herr, uns nah. Drum rühmet, Herz und Lippen, singet ihm, Halleluja!

107

Wir dan-ken dir, Herr Je - su Christ, daß du ein Kind-lein wor-den bist

und her - ge-kom-men uns zu gut, uns mit - ge bracht dein himm-lisch Gut!

108

Chri-stus ist ge - bo - ren für die Men schen al - le, hoch vom Him-mel
und, zum Heil er - ko - ren, ruht er in dem Stal - le, hört die En - gel-

dringt ein Klin - gen,
chö - re sin - gen: Glo - ri - a, Glo - ri - a, Glo - ri - a,

Je-sus ist ge - bo - - ren.

2. Hirten bei der Herde weckt des Engels Kunde: „Friede sei der Erde, Freude dieser Stunde!" Mit den Hirten laßt uns springen, mit den Engeln laßt uns singen: „Gloria, gloria, ..."

109

2. Wir haben's gehört, es ist uns neu, daß uns ein Kind geboren sei, ein kleines Kind, ein großer Gott, der Himmel und Erde erschaffen hat.

3. Wir gingen wohl über den Berg herfür und kamen wohl vor des Herodes Tür. Herodes in dem Fenster lag, als er die Weisen kommen sah.

4. Herodes fragt mit Schimpf und Spott: Ach Gott, wo ist das dritte Wort? Das dritte Wort ist ungenannt, hier kommen drei Weise aus dem Morgenland.

5. Wir gingen nach Bethlehem auf den Höhn, da blieb der Stern wohl stille stehn, wohl stille stehn, wohl stille stehn, da blieb der Stern wohl stille stehn.

6. Da gingen wir in das Haus hinein und fanden Maria und das Kindelein. Da taten wir unsere Schätze auf und schenkten dem Kinde Gold, Weiherauch.

Geistliche Kinderlieder

110

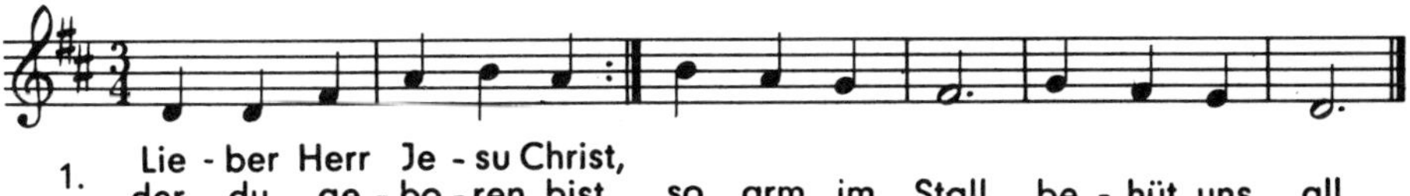

2. Lieber Herr Jesu Christ, der du gestorben bist den Kreuzestod, hilf uns in Not.

3. Lieber Herr Jesu Christ, der du erstanden bist vom Grab zum Licht, verlaß uns nicht.

4. Lieber Herr Jesu Christ, der du stets bei uns bist, halt uns bei dir, das bitten wir.

111

112

2. Die Fischlein, die da schwimmen, sind, Herr, vor dir nicht stumm, Du hörest ihre Stimmen, ohn' dich kommt keines um.

3. Vor dir tanzt in der Sonne der kleinen Mücklein Schwarm zum Dank für Lebenswonne. Ist keins zu klein und arm.

113

114

115

2. Denn Er ist der Herr allein, der so soll gepriesen sein,
der von aller Menschen Zungen soll belobt sein und besungen.

3. Er ist groß und hält doch wert, was da klein ist auf der Erd',
Er ist über all's erhaben, liebet doch geringe Gaben.

4. Alles nimmt Er freundlich an, was Ihm wird zu Ehr'n getan:
drum Ihm auch gar wohl behaget, was ihr Kinder singt und saget.

116

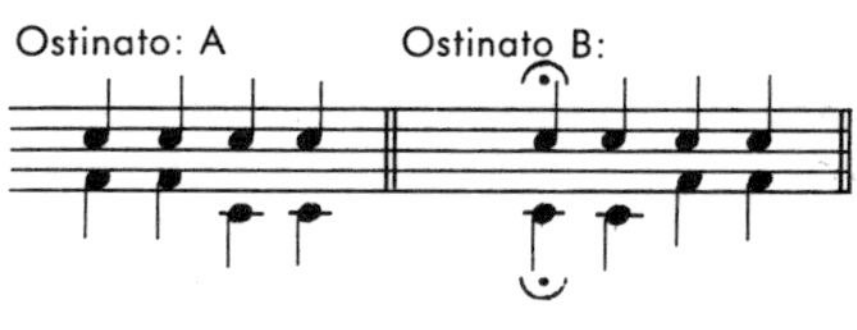

117

118

2. Sing, meine Seele, singe dem Herrn! Er hat dich gern, gibt auf dich acht bei Tag und Nacht, hütet dein Herz in Freud und Schmerz. Sing, meine Seele, singe dem Herrn!

3. Dank', meine Seele, danke dem Herrn! Gott ist nicht fern. Der dich erschuf, hört deinen Ruf, Gnade und Heil wird dir zuteil. Dank', meine Seele, danke dem Herrn.

119

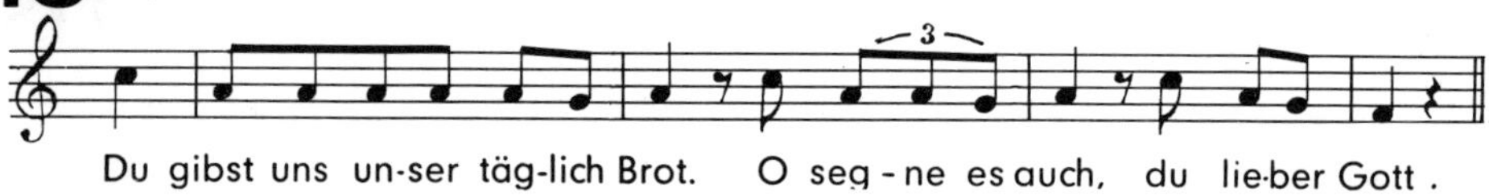

120

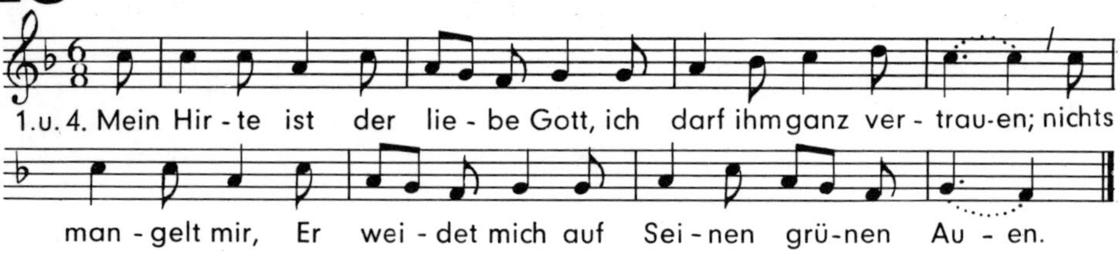

2. Er weidet mich an Wassers Rand, führt mich zur frischen Quelle; Er leitet mich an Seiner Hand, erquickt mir meine Seele.

3. Und wandert' ich im finstern Tal, wo Dunkel mich umgibet, kein Unheil fürcht' ich, überall ist bei mir, der mich liebet.

121

122

2. Wer schuf die Tiere groß und klein? Wer gab auch mir das Leben?
Das tat der liebe Gott allein, drum will ich Dank ihm geben.

123

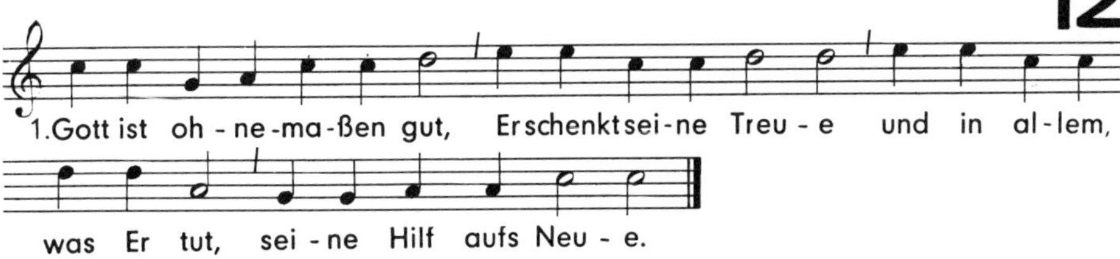

2. Füllt mein Gott mit Güt' und Gab' täglich neu mein Leben, will ich, was ich bin und hab, froh zum Dank Ihm geben.

124

125

126

127

128

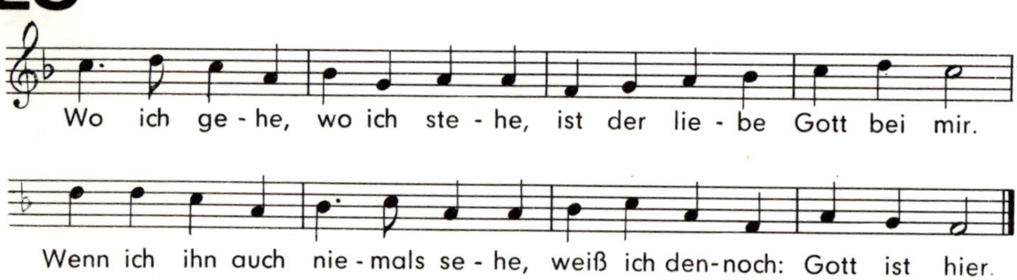

129

130

131

132

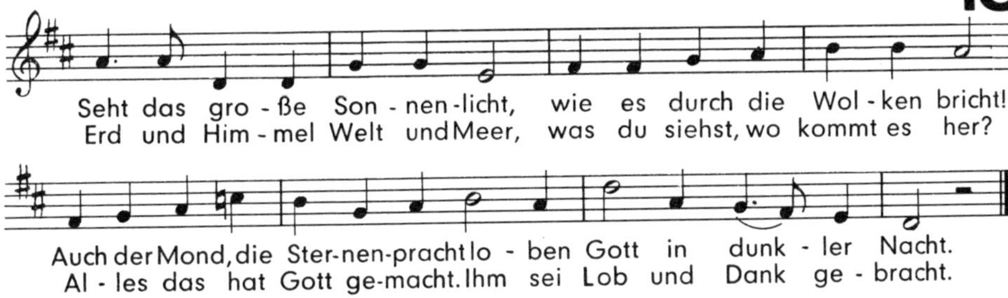

133

134

135

136

2. Sternlein, Sternlein in der Nacht, halt über unserm Hause Wacht; bewahr uns Gott vor Sorg und Not, gib uns unser täglich Brot.

3. Sternlein . . . Gott, gib uns Gnade allezeit, mach das Herz voll Fröhlichkeit.

137

Kran-ken Her-zen sen-de Ruh, nas-se Au-gen schlie-ße zu, Gott im

Him - mel, hal - te Wacht, gib uns ei - ne gu - te Nacht.

Kindergottesdienst

138

1. Nimm mein Herz in Dei - ne Hän-de, daß es ru - hig wer-den kann.
2. Öff - ne mei - nes Her - zens Tü - re, schau hin - ein, was ich ge - tan.
3. Mach mich still in Dei - ner Stii - le, daß ich zu Dir be ten kann:

Heil'-ger Gott, o hör mich an: Heil'-ger Gott, o hör mich an:
Heil'-ger Gott, Dich mein er - barm: Heil'-ger Gott, Dich mein er - barm
Heil' - ger Gott, o hör mich an: Heil'-ger Gott, o hör mich an.

139

Wir ru - fen und wir rüh-men Dich, wir be - ten an Dei - ne
Wir prei sen und wir lo ben Dich, wir sa - gen Dank Dei - ner

Hei - lig - keit,
Herr-lich - keit! A - men, Hal - le - lu - ja, Hal - le - lu - ja!

140

B und C auch auf A zu singen

141

142

Siehe auch Nr. 28

Spiel  lieder

143

Ei, wie langsam, ei,wie langsam
kommt der Schneck von seinem Fleck.
Sieben lange Tage braucht er
von dem Eck ins and're Eck.

Bei diesem Reim haben die Kinder die Möglichkeit, mit einzelnen Fingern zu spielen und die Worte: „langsam", „Fleck",„ lange"besonders mit der Finger- und Handbewegung zu verdeutlichen.
Der Daumen liegt vorn an der Tischkante, der Zeigefinger davor. Die übrigen Finger werden in die Handfläche gekrümmt. Nur die beiden Daumen und Zeigefinger bewegen sich ganz langsam auf die Tischmitte zu, bis sie bei dem Wort – **Fleck** – angekommen sind. Hier patschen alle mit der ganzen Hand auf den Tisch. Die Worte . . . **sieben lange Tage** . . . werden dadurch unterstrichen, daß die Kinder mit dem Zeigefinger einen besonders langen Schritt machen und die **Worte** auch sehr gedehnt sprechen.
An der Stelle: . . . **von dem Eck ins and're Eck** . . . patschen alle mit beiden Händen flach auf den Tisch, erst zur rechten, dann hinüber zur linken Seite oder umgekehrt.

144

Klitzekleines Mäuschen
kommt aus seinem Häuschen.
Kommt die Katz'
macht 'nen Satz!
Weg ist unser Mausematz.

Dieser Reim kann mit den Fingern gespielt werden. Die Kinder bilden schon während des Lernens dieses Reimes zwei Gruppen, die sich jeweils abwechseln können, damit das Lernen leichter und interessanter wird.
1. Gruppe: Mäuse 2. Gruppe: Katzen
Die Mäuse beginnen flüsternd.
Die Katzen sprechen laut und langsam.
Zum Fingerspiel setzen sich die Kinder an einen Tisch gegenüber.

Bei den Katzen sind alle Fingerspitzen bei gestreckter Hand auf dem Tisch.

Bei den Mäusen liegen alle fünf Finger auf dem Tisch (immer beide Hände benutzen). Die Kinder beginnen leise zu sprechen; ab Zeile 2 laufen alle Finger bis zur Tischmitte und bleiben dort stehen. Bei den Katzen sind alle Fingerspitzen bei gestreckter Hand auf dem Tisch. Langsam wird immer die ganze Hand gehoben, so daß man bis auf die Fingerspitzen zurückfällt. In der 4. Zeile setzen die Katzen zum Sprung an („macht 'nen Satz!") und versuchen, die Mäuse zu fangen. Diese laufen sehr schnell mit allen Fingern zurück. Die Katzen dürfen nicht zum Sprung nachsetzen.
Wer gefangen wird, muß ausscheiden.

145

Ridebide – Bumstock fing 'ne Maus
Ridebide – Bumstock ließ sie wieder raus.
Ridebide – Bumstock, du bist dumm,
die Mäuse sind ein Rackerpack, das bringt man um.

Beide Hände liegen flach an der Tischkante nebeneinander.

Bei:	**Ridebide – bumstock:**	Hände patschen abwechselnd auf den Tisch, ohne Vorwärtsbewegung.
Bei:	**Fing 'ne Maus:**	die Finger beider Hände laufen in die Tischmitte.
	Ride-bide – bumstock:	siehe oben, in der Tischmitte.
	ließ sie wieder raus:	die Finger beider Hände laufen zurück.
	Ride-bide – bumstock:	siehe oben, wieder vorn am Tisch.
	du bist dumm:	die Hände werden zu Fäusten geballt und trommeln abwechselnd links und rechts.
	die Mäuse sind ein Rackerpack,	kräftiges Klatschen in die Hände
	das bringt man um.	beide Fäuste trommeln gleichzeitig auf dem Tisch.

146

Ding, dong, dell;
die Katz' hat eine Schell.
Alle Mäuschen flüchten schnell,
flüchten alle groß und klein
in ihr Mauseloch hinein.
Ding, dong, dang,
das weiß die Katz schon lang.

Dieser Reim kann als Fingerspiel erarbeitet werden. ①
Die Kinder können ihn klatschen und patschen. ②

Er kann musiziert werden. ③

Zu 1: Finger liegen vorn an der Tischkante; **ding:** zwei Finger jeder Hand schlagen flach auf den Tisch; **dong:** beide Fäuste schlagen auf den Tisch, **dell:** wie ding; **die Katz hat eine Schell:** zwei Finger jeder Hand schlagen im Wechsel vorn auf die Tischkante. **Alle Mäuschen . . .** bis **Mäuseloch hinein:** Die fünf Finger laufen in die Tischmitte und verschwinden danach vom Tisch. **Ding, dong, dang** bis Schluß, wie Teil 1.

Zu 2: **Ding:** Klatscher auf die Hand; **dong:** Klatscher in die hohle Hand; **dell:** Fingerspitzen klatschen gegeneinander bis **Schell.**
Alle Mäuschen . . . bis hinein: Patschen im Wechsel links und rechts **Ding** – bis Schluß, wie Teil 1.

Zu 3:

Ding und **dell:**	Triangel
dong:	Zymbel (mit Filzschlegel angeschlagen)
die Katz hat eine Schell:	Schellentrommel oder Schellenkranz
alle Mäuse . . . :	leise Handtrommel evtl. mit leiser Rassel

Schlußzeile siehe oben.

Auch hier sollte eine von den Kindern gefundene Melodie dazu gespielt werden.

147

Bim, bam, bommel,
Katze schlug die Trommel.
Vier kleine Mäuschen
tanzten in der Reih',
und die ganze Erde
donnerte dabei.

Zeile 1 und 2: im Sprechrhythmus klatschen.
Zeile 3 und 4: patschen, abwechselnd rechts und links.
Zeile 5: stampfen, abwechselnd rechts und links.

Mit größeren Kindern sollte versucht werden, die Vokale **i, a** und **o** unterschiedlich auszuklatschen: **i** = bim, auf die Hand – heller Ton; **a** = bam, in die Hand – kräftiger Ton; **o** = bommel, in die hohle Hand – dunkler Ton. Auch hier können die Kinder die Bewegungen in Gruppen abwechseln, denn je öfter der Reim gesprochen wird, desto besser kann man später improvisieren und instrumentieren. Die eigene Bewegung ist immer der erste Schritt. Wenn alles gut beherrscht wird, können wir so instrumentieren:

Zeile 1 und 2: Handtrommel im Sprechrhythmus, auf „bim" Triangel, auf „bam" Holzröhrentrommel, auf „bommel" Klanghölzer dazu.
Zeile 3 und 4: Rassel und Schellenkranz im Sprechrhythmus dazu.
Zeile 5: Kleine und große Pauke und alle übrigen Instrumente, die schon eingesetzt waren, dazu.

Der letzte Schritt ist die Melodiefindung. In diesem Beispiel wurden den Kindern vier Töne gegeben und danach entstand diese Melodie.

148

Ene, mene, ming, mang, ping, pang,
ose, pose, pack er sich
eia weia weg.

In diesem Reim, der sich sehr schnell einprägt, könnten einzelne Teile zuerst herausgehoben werden: Leises Sprechen zu Beginn, bei **pack er sich** steigern und klatschen oder stampfen, ebenso auf **– weg –.**

Die anderen Silben wieder vom Vokal her aufnehmen **e** und **i** auf die Hand; **o** in die hohle Hand, **eia** die gestrafften Fingerspitzen gegeneinander.

Die Instrumente könnten wie folgt eingesetzt werden:

Ene – mene: Klanghölzer
ming: – Triangel
mang: – Zymbel (mit Filzschlegel geschlagen oder mit Holz am Rand)
ping: – Triangel
pang: – Zymbel (s. oben)
ose, pose: Rassel
pack er sich: Pauke oder Handtrommel
eia, weia: Schellenkranz
weg: alle Instrumente

Zur Melodiefindung wurden diese drei Töne gegeben.

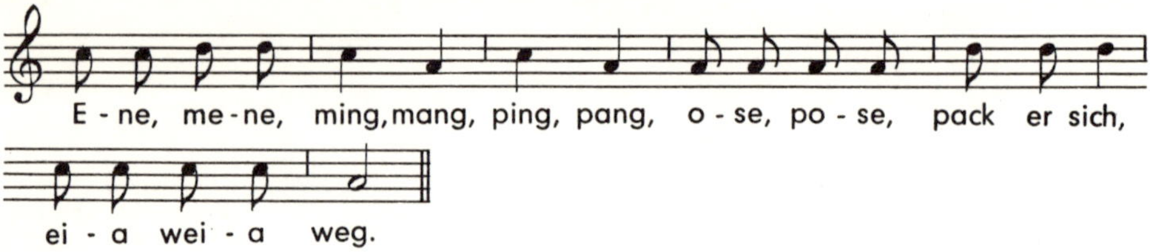

149

Hopp, hopp, ho!
Pferdchen frißt kein Stroh.
Muß dem Pferdchen Hafer kaufen,
daß es kann im Trabe laufen.
Hopp, hopp, ho;
Pferdchen frißt kein Stroh.

In diesem Reim sollten alle Holzschlaginstrumente Verwendung finden (Holzblocktrommel, Holzröhrentrommel, Klanghölzer). Bei: **muß dem Pferdchen Hafer kaufen,** kann auch die Rassel und der Schellenkranz hinzukommen.
Es ist auch ratsam, den Wechsel zwischen Klatschen, Patschen und Stampfen hier zu verdeutlichen.

150

Schellen und Pauke Teil A
Klanghölzer und Holzblocktrommel Teil B
auch als Tanzspiel geeignet

2. . . . Bis mein Schimmel wieder hält, reit ich um die ganze Welt. . . .

151

Dieses Lied eignet sich vorzüglich als Sprachübung, um die Vokale a, i, u deutlich herauszuheben. Die verschiedenen Klatscharten sind aufgezeigt worden und können hier gut befestigt werden bei pan – pa – ta – pan; flick und flack; bum – ba – da – bu. Es gibt noch eine weitere gute Möglichkeit, Klangunterschiede herauszuarbeiten:

Das Musizieren auf Joghurtbechern:

1. Die Kinder spielen mit den Fingerspitzen auf der Oberseite des Bechers bis geschwind.
2. Das **Pan – pa – ta – pan** mit gestreckten Fingern, ebenfalls auf der Oberseite.
3. Das gleiche bei der Wiederholung – Fingerspitzen und gestreckte Finger.
4. bis **– patscht –** nur gesungen.
5. **flick** – Fingerspitze; **flack** – gestreckte Finger.
6. weiter mit der Fingerspitze bis in Teil 1 hinein, dann wie gehabt.
7. bis **bummelt** nur gesungen.
8. **bum – bada – bu:** den Becher an der geschlossenen Seite – also oben – fest in die Hand nehmen und mit der offenen Seite in die andere Hand schlagen.
9. siehe wie 1. und 2.

152

2. Pferdchen, Pferdchen, lauf im Trab Straße auf und Straße ab. Trab trab trab, trab trab trab.
3. Pferdchen, Pferdchen, hopp hopp hopp, springe lustig im Galopp! Hopp hopp hopp, hopp hopp hopp.

dazu: Vers 1 Holzblocktrommel
Vers 2 Holzröhrentrommel
Vers 3 Klanghölzer

Jeweils von Vers zu Vers mit dem Schlagwerk Temposteigerung vornehmen, um Trab und Galopp gut rauszubringen.
Nach dem letzten Vers allmählich das Tempo wieder zurücknehmen im Schlagwerk, damit es im Schritt ausklingt.

153

Zu 1: zum Patschen und Klatschen kann jeweils auf den 1. Klatscher ein Schlag auf das Becken mit dem Filzschlegel dazu kommen, um den Sprung anzudeuten.
folgt Lied mit Ostinato
Zu 2: auf **„Galopp"** den Klatscher auf die Handfläche, bei **„und hopp"** Klatscher in die Hand. Hier können die Kinder auch mit der Hand auf ihren Stuhl trommeln.
folgt Lied mit Ostinato
Zu 3: Wechsel zwischen Klatschen und Stampfen.
folgt Lied mit Ostinato
Zu 4: Wechsel zwischen Klatschen und Patschen.
Es können natürlich auch zu 1–4 Schlaginstrumente hinzu genommen werden (2 → Schellen u. Klanghölzer; 3 → Triangel u. Holzblocktrommel; 4 → Pauke, am Schluß: „das Reiten ist aus": alle Instrumente ganz leise).

154

155

2. ‖: Dreh dich um :‖ links herum und rechts herum!
3. ‖: Hin und her :‖ grad und krumm und kreuz und quer!

156

danach sofort wieder einsetzen zum Teil A

1. Strophe:
1–4 : Im Kreis rechts herum gehen.
5–8 : Richtungswechsel - zurück zum Ausgangsplatz.
9–12 : Mädchen gehen mit 4 Schritten zur Mitte und zurück. (Klatschen auf „Dudelsack") Wiederholung: Jungen gehen mit 4 Schritten zur Mitte und zurück.

2. Strophe
1–8 : Wie vorhin.
9-12 : Paarkreis, Drehung in Uhrzeigerrichtung. Wiederholung: Richtungswechsel.

zu Teil A : 2 Kinder stehen im Kreis und spielen dazu mit der Schellentrommel oder dem Schellenkranz und mit der Rassel.

2. Spielt die Fiedel und die Pauke, bum bum bum, geht es - eins, zwei, drei - lustig in dem Kreis herum.

157

2. Kreisel, Kreisel dreht sich schnell immer auf der gleichen Stell. Doch jetzt tanzt der Kreisel krumm, und jetzt fällt der Kreisel um. Bum, bum, bum.
3. Kreisel, Kreisel fackelt nicht, Kreisel, Kreisel wackelt nicht, schnell auf seinem einen Bein tanzt er wieder ganz allein. Brumm, brumm, brumm.

158

(Die Kinder zeigen die Uhrzeit mit den Fingern an, die übrigen Bewegungen sollen sie selbst erfinden)

159

Die Kinder wandern zu Paaren auf der Kreisbahn herum. Die Hände sind überkreuzt angefaßt.

Bei: **„und wenn wir nicht mehr weiterkönnen"** treten alle auf der Stelle.
bis **„um".**
Bei: **„wenn"** Kehrtwendung und gleich von vorn beginnen.

160

1. Gruppe

2. Gruppe

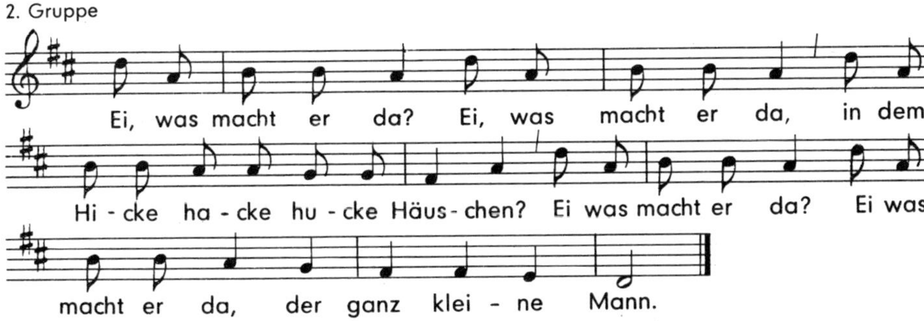

2. a
Macht ein Ticke, tacke, tucke Tänzchen ‖: mit der kleinen Frau :‖ macht ein Ticke, tacke tucke Tänzchen mit der ganz kleinen Frau.

161

Aufstellung: Breite Gasse. – 1. Kind steht am Eingang, 2. Kind am Ausgang der Gasse.

I. Teil 1–8: 1. Kind geht durch die Gasse und wieder zurück.

9–12: Beide Kinder gehen jetzt durch die Gasse. Kind 2 stellt dabei irgendeinen Beruf dar (Straßenfeger, Leierkastenmann, Koch u. ä.). Alle Kinder fragen: **„Nun, wer war's?"** Kind 1 errät den Beruf.

13–16: Beide Kinder begrüßen sich durch Hutziehen und verlassen die Gasse. Die sich gegenüberstehenden Kinder in der Gasse begrüßen sich ebenso.

II. Teil Alle Kinder in der Gasse laufen aufeinander zu, drehen sich in der Mitte im Paarkreis herum und laufen wieder auf ihren Platz zurück.

162

Aufstellung: Gasse.

I. Teil 1–2: Mit 3 Schritten aufeinander zukommen, die Arme zum Tor heben.
3–4: Auf demselben Wege zurück.
5–8: Ein Vorsänger ruft zwei sich gegenüberstehende Kinder auf, die sich mit gefaßten Händen an den Anfang der Gasse stellen.

II. Teil 1–4: Beide tanzen mit Galoppschritten durch die Gasse.
5–8: Ebenso zurück, verabschieden, als erstes Paar in die Gasse zurücktreten, die andern rücken auf.

Alle übrigen Kinder klatschen zum II. Teil den Takt.

163

2. Die Zeiger geh'n im Kreise, der große mäßig schnell,
der kleine hat's nicht eilig, und steht fast auf der Stell'.
Die Drei ruft er zum Spielen, die Fünf zur Vesperzeit, die Fünf zur Vesperzeit.

3. Der Tag ist bald vergangen, die Zeiger geh'n im Kreis,
sind wieder bei der Sieben, der Abend kommt ganz leis',
nun geht zu Bett, ihr Kinder, die Acht sagt „Gute Nacht", die Acht sagt „Gute Nacht!"

164

2. Kommt herein ins Stübchen, ich koche euch ein Süppchen
mit Mandeln und Rosinen, das schmeckt euch ganz gewiß.

3. Gretel, nimm den Besen, bist lange faul gewesen,
und Hänsel, den dicken, den steck ich in den Stall.

4. Dort will ich ihn mästen, denn dann schmeckt er am besten.
Nur flink, faule Gretel, mach schnell das Feuer an!

5. Kann kein Feuer schüren, du mußt es selbst probieren.
Hinein mit dir, du Hexe, hinein ins Ofenloch.

6. Hui! Jetzt muß sie brennen, da hilft kein Heul'n und Flennen.
Komm, Hänsel, mein Hänsel, heraus aus deinem Stall.

7. Gold in unsern Taschen und Zuckerwerk zum Naschen,
so gehn wir nach Haus; das Märchen ist aus.

I Aufstellung der Spielgruppen

Etwa 15–20 Kinder spielen mit. Es werden 4 folgende Spielgruppen gebildet:

1) Hexenhaus: 8–10 Kinder fassen sich an zu einem Kreis (Haus). In der Mitte des Hauses steht die Hexe auf einen Stock gestützt.

2) Stall: 3 Kinder bilden durch Hochhalten der Arme und Anfassen in der Luft den Stall.

3) Backofen: Etwa 5–6 Kinder sind „Backofen". Schulter an Schulter stehen sie aneinander. Die zwei äußeren Kinder stehen zu dieser Reihe im rechten Winkel.

4) Kinder: Hänsel und Gretel kommen von ferne zum Hexenhaus.

II Ablauf des Singspiels

(keine Stropheneinteilung; der Ablauf der Spielhandlung ist ganzheitlich zu sehen).
Die Kinder und die Hexe singen abwechselnd.
Die Hexe singt: „Knusper, knusper . . ." Die Kinder stehen am Hexenhaus und naschen. Sie antworten: „Der Wind . . ." Mit dem rechten Zeigefinger winkend lockt die Hexe die beiden Kinder an. Das Haus öffnet sich. Hänsel und Gretel treten ein. „Kommt herein ins Stübchen . . ." Die Hexe macht Rührbewegungen und reibt sich den Bauch. „Ich koche euch ein Süppchen. Das schmeckt euch ganz gewiß . . ." Jetzt gibt sie Gretel einen Besen, den bis jetzt ein Kind im Kreis gehalten hatte. „Gretel, nimm den Besen . . ."
Gretel beginnt im Haus zu kehren. Hänsel schaut zu, bis die Hexe ihn an der Schulter packt. Er wird aus dem Haus gestoßen und die Hexe steckt ihn ziemlich unsanft in den Stall (2. Spielgruppe: Stall) „Hänsel, den Dicken, den steck ich in den Stall. Dort will ich ihn mästen, denn dann schmeckt er am besten . . ." Der Stall wird von der Hexe verschlossen (Schließbewegung beliebig oft – je nach Temperament). Hänsel sitzt im Stall – und weint, reibt sich die Augen. Die Hexe

geht zurück ins Haus zu Gretel. Befehlend zeigt sie in Richtung des Backofens (3. Kindergruppe). „Nun flink, faule Gretel, mach schnell das Feuer an . . ." Gretel tritt an das Haus, geht zum Backofen, schüttelt verneinend den Kopf und singt. „Kann kein Feuer schüren . . ." Plötzlich packt Gretel die Hexe von hinten und stürzt sie in den Ofen. „Hinein mit dir . . " (wütend) Nun singen alle Kinder, recht froh und kräftig. Sie hüpfen und tanzen dabei. „Hui, jetzt muß sie brennen . . ." (Betonung auf Hui!) Gretel nimmt Hänsel bei der Hand, sie spazieren umher, klopfen auf ihre Taschen „Gold in unseren Taschen. So gehn wir nach Haus. Das Märchen ist aus".

Spielbeschreibung: Ria Lenders

165

2. Kam der Wolf geschlichen, meck, meck, meck, meck, meck - „Macht mir auf, ihr Kinderlein, ich bin euer Mütterlein!" „Das ist Mutters Stimme nicht! Wolf, du bist ein schlimmer Wicht! Geh weg, geh weg, geh weg!"

3. Lief der Wolf zum Krämer, meck, meck, meck, meck, meck - kaufte ein Stück Kreide ein, macht die Stimme hübsch und fein und läuft in den Wald zurück. „Geißlein freß ich sieben Stück!" O Schreck, o Schreck, o Schreck!

4. Klopft der Wolf ans Fenster, meck, meck, meck, meck, meck - „Kinderlein, rasch aufgemacht! Hab' was Feines mitgebracht!" „Das ist Mutters Pfote nicht! Wolf, du bist ein schlimmer Wicht! Geh weg, geh weg, geh weg!"

5. Lief der Wolf zum Bäcker, meck, meck, meck, meck, meck - streicht sich weißen Kuchenteig auf den braunen Fuß sogleich und läuft in den Wald zurück. „Geißlein freß ich sieben Stück!" O Schreck, o Schreck, o Schreck!

6. Sieben kleine Geißlein, meck, meck, meck, meck, meck - machten arglos auf das Tor. Huh! Da stand der Wolf davor! Alle fraß der Bösewicht, nur das Kleinste fand er nicht, war weg, war weg, war weg.

7. Kam die Geißenmutter, meck, meck, meck, meck, meck - ach, wie war der Schreck so groß! „Wo sind meine Kinder bloß?" Eines ist nun übrig nur, denn es hat sich in der Uhr versteckt, versteckt, versteckt.

8. Wolf der schlief am Brunnen, meck, meck, meck, meck, meck - kam die Mutter Geiß herbei mit der Schere eins, zwei, drei, schnitt ihm auf den dicken Wanst, Geißlein kamen raus getanzt mit meck, meck, meck, meck, meck.

9. Große Wackersteine, meck, meck, meck, meck, meck - kriegt der Wolf in seinen Bauch, darum ward er durstig auch, bückte sich zum Wasser hin, rummdibumms, da fiel er rin, war weg, war weg, war weg.

Am Schluß auf „O Schreck", "geh weg" u.s.w. Pauken u. Zimbelschläge

166

2. Kommt ein Reitersmann daher,
Hans, den drückt das Gold so schwer,
darum gibt er für das Pferd
seinen großen Klumpen Gold. . .

3. Kommt ein Bauer mit 'ner Kuh,
tauscht sie ein in guter Ruh
und der Hans, der gibt das Pferd,
und das Pferd, das war ihm wert,
einen großen Klumpen Gold. . .

4. Kommt ein Bauer mit 'nem Schwein,
Hans, der denkt: ach wär es mein!
Darum gibt er seine Kuh,
die er kriegte für das Pferd,
und das Pferd, das war ihm wert,
einen großen Klumpen Gold. . .

5. Kommt ein Bauer mit 'ner Gans.
Hätt' ich die, denkt unser Hans!
Und er gibt dafür das Schwein,
das er kriegte für die Kuh,
die er kriegte für das Pferd,
und das Pferd, das war ihm wert,
einen großen Klumpen Gold. . .

6. Scherenschleifer kommt daher,
denkt der Hans: Wie gut hat's der!
Und für einen Schleifestein
gibt er her sein Gänselein,
das er kriegte für das Schwein,
das er kriegte für die Kuh,
die er kriegte für das Pferd,
und das Pferd, das war ihm wert,
einen großen Klumpen Gold. . .

7. Hans, den drückt der schwere Stein,
wirft ihn in den Bach hinein,
seine Freude, die ist groß,
denn nun ist er alles los,
seinen schweren Schleifestein
und das fette Gänselein
und das große, dicke Schwein
und die schöne bunte Kuh
und das Pferd auch noch dazu
und den großen Klumpen Gold:
sagt, was ihr wollt.
er ist ein reicher, ein glücklicher Hans,
er ist ein reicher, ein glücklicher Hans!

Zu jedem neuen Gegenstand der folgenden Strophe ein neues Schlaginstrument hinzunehmen, damit der Tausch deutlich herauskommt (z. B. beim Gold die Triangel, beim Reiter die Klanghölzer, bei der Gans die Rassel) u. s. w.

167

2. Im Wald bei Has' und Mäuslein steht unser kleines Häuslein. Wir haben sieben Tellerlein, dazu auch sieben Bettchen fein, alles ist ganz klitzeklein.

3. Schneewittchen kocht das Süppchen und fegt und putzt das Stübchen. Wir nehmen es in unsre Hut, daß keines ihm ein Leid antut, sind ihm ja von Herzen gut.

168

169

2. Der Müller mahlt die Körner schnell, sonst hat der Bäcker ja kein Mehl. ||: Rundum :|| rum!
3. Der Bäcker schiebt die Kuchen ein, sie werden schon bald fertig sein. ||: Schieb ein :|| schieb!
4. Der Schmied, der schlägt das Eisen an, damit das Pferd gut laufen kann. ||: Pink, pank :|| pink!
5. Der Schlosser feilt das Schlüsselein, sonst paßt es nicht ins Schloß hinein. ||: Kritz, kratz :|| kritz!
6. Der Schuster flickt das Leder zu, sonst kommt der Regen in die Schuh. ||: Stich, stich :|| stich!

Ostinato:

Melodie-Instrumente

Trommel

170+171

172

2. Unter ihr ein reges Brausen, Autos fahren, Räder sausen. Liebe Ampel, sag mir an, wann ich überqueren kann.

3. Rotes Licht: da heißt es warten, gelbes Licht: bald kann man starten, grünes Licht: nun geh geschwind, Kinder, seid nicht farbenblind!

4. Immer muß die Ampel wachen, daß es alle richtig machen, zeigt, so ist es ihre Pflicht, rotes, gelbes, grünes Licht.

173

2. Mein Roller, ja, mein Roller, der schnurrt den ganzen Tag. Ich hol mit ihm für Mutter vom Kaufmann, was sie mag.

3. Mein Roller, ja mein Roller, der setzt sich schnell in Trab. Ich hol mit ihm den Vater von seiner Arbeit ab.

4. Mein Roller, ja mein Roller, der rollt nur immerzu. Erst abends, wenn ich schlafe, dann hat mein Roller Ruh.

174

2. Wir fahren mit der Straßenbahn. Komm, steig ein! Wir fahren mit der Straßenbahn ganz allein. Kommt sie an die Kreuzung ran, bimmelt sie, so laut sie kann. Komm, steig ein!

175

2. Dicht am Fenster darf ich stehn. Alles, was ich da kann sehn, scheint, als ob's vorüberraste: Bäume, Telegrafenmaste. Ratata, ratata, bald sind wir bei Großmama.

3. Häuser, Wiesenland mit Küh'n, Wälder, hell und dunkelgrün. Wenn wir um die Ecke biegen, stehn wir. Dann wird ausgestiegen. Ratata, ratata, bald sind wir bei Großmama.

176

2. Der Schlosser klappt die Haube auf und dreht was an den Schrauben. Er sagt: „Ja, ja, daß das nicht fährt, das will ich gerne glauben."

3. Drauf gibt er ihm ein wenig Öl, setzt neue Kerzen ein. Und, siehst du wohl, das Auto fährt hin über Stock und Stein.

177

2. Die Bremse los, der Motor heult, der Winker raus, der Wagen eilt mal links herum, mal rechts herum. Macht Platz! Tüt tüt, brumm brumm!

3. Der Schutzmann winkt mir mit der Hand: Fahr immer rechts am Straßenrand! Fahr rechts auch um die Kurven rum! Fahr rechts! Tüt tüt, brumm brumm!

Kantaten im Kleinstformat

Sommerfest **178** a

I.

Ostinato, auch Vor- und Nachspiel

II. Ritornell:

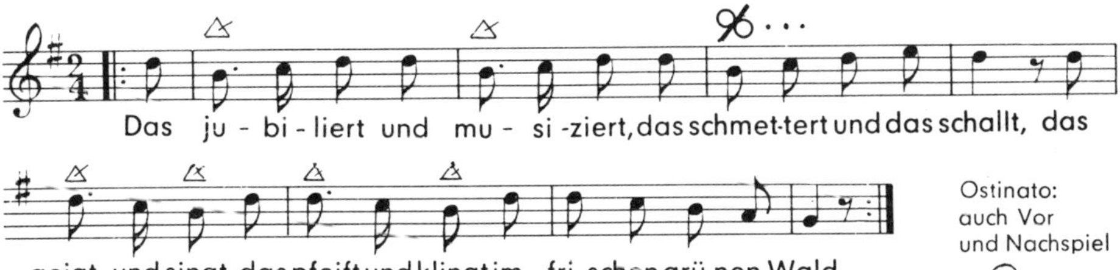

Ostinato:
auch Vor
und Nachspiel

III. Sprecher:

1. Konzert ist heute angesagt im frischen, grünen Wald. Die Musikanten stimmen schon, hört, wie es lustig schallt.

IV. Ritornell:

V. Erzähler:

Zu diesem Fest im Wald wollte auch ein kleines Käferlein gehen. Der Weg dorthin aber war lang und gefährlich. Und so geschah die schlimme Geschichte, die ihr jetzt hört:

VI.

Pauke:

2. Es trank vom kühlen Blumentau, nahm Abschied dann von seiner Frau und marschierte froh von dannen.

3. Da kam es an ein großes Haus, da schaut Frau Maus zum Fenster raus, ihre scharfen Zähne blitzten.

Zimbel

Pauke

4. Das Käferlein macht brummelbrumm und kehrt ganz eilig wieder um und verschob die ganze Reise.

VII. Sprecher: Das Konzert im Wald aber ging inzwischen lustig weiter.

VIII. Ritornell:

IX.

1 Kind allein: Flöte dazu

Frau Nachtigall, die Sängerin, die singt so hell und zart; und Meister Hänfling bläst dazu die Flöt' nach bester Art.

X. Ritornell

XI.

mit Pauke oder Handtrommel

2. Der Kuk-kuck schlägt die Trom-mel gut, die Ler-che steigt em - por
und schmet-tert mit Trom - pe - ten-klang voll Ju-bel in den Chor.

XII. Ritornell

XIII. Sprecher:

Verwundert hören Has' und Reh das Fideln und das Schrei'n, und Biene, Mück' und Käferlein, die stimmen surrend ein.

XIV.

1. Ach, Fa - mi - lie Summ - se-brumm: Schö - nen gu - ten Tag ihr Lie - ben,

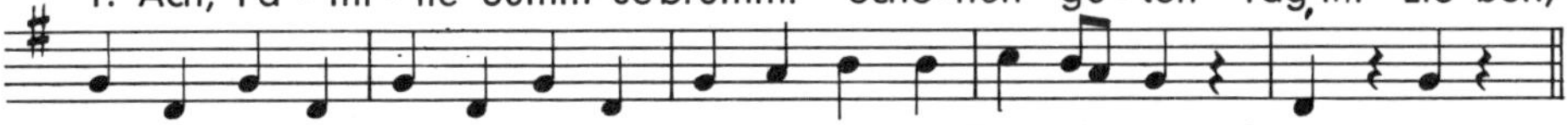

seid ja lan-ge aus-ge-blie-ben; bald ist un - ser Fest her-um. Summ, summ.

XV.

mit Klanghölzern, Holzblocktrommel, Holzröhrentrommel

3. Mu - sik - di - rek - tor ist der Specht, er hat nicht Rast noch Ruh,
schlägt mit dem Schna-bel, spitz und lang gar fein den Takt da - zu.

XVI. Ritornell

Anmerkung:

Die einzelnen Instrumente werden jeweils eingesetzt, wenn sie auftreten. Von diesem Augenblick an sind sie natürlich bei jedem Chor-Ritornell dabei, so daß am Höhepunkt des Festes alle Tiere mitspielen. Eine Ausnahme macht das Käferlein. Es war ja nicht zum Fest gekommen und darf deshalb auch nicht mitfeiern.

179a Ball der Tiere

I. Die Nachtigall lädt ein:

II. Ritornell:

Ostinato:
auch Vor-
Nachspiel

III. Wechselgesang:

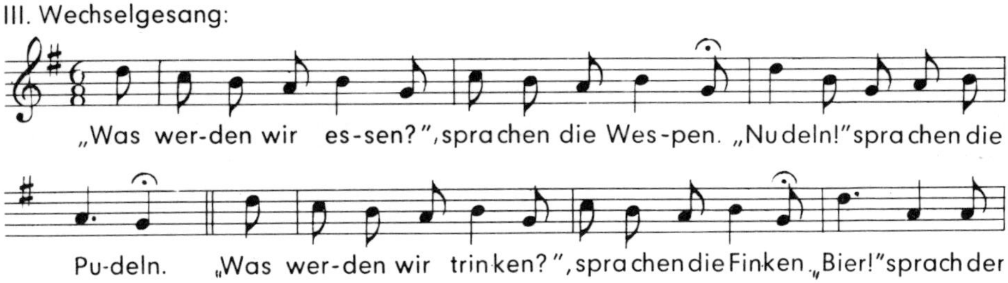

Kräftiger Cymbelschlag Cymbel

IV. Ritornell (evtl. Vorspiel mit dem Metallophon)

V. Wechselgesang:

VI. Tanz der Mäuse

VII.

VIII. 1 Kind allein:

IX. Ritornell:

180a Auf dem Markt

III. Marktfrau:

IV. Kundin:

V. Kind als Kunde:

VI. Marktfrau:

180c

Pauke und Zimbel unterstützen Rufen und Anpreisen der Ware

VII. Kunde:

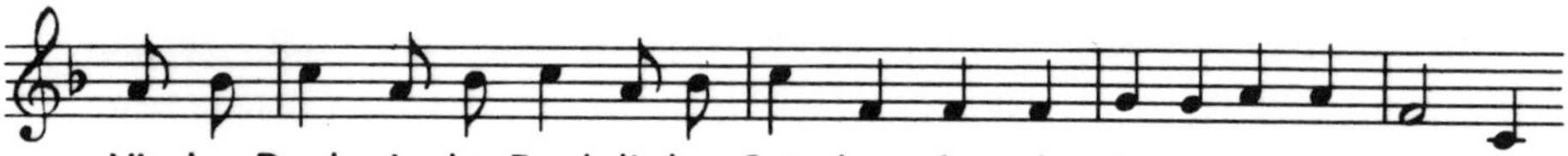

Ostinato: auch Vor und Nachspiel

Hier ist es gut, wenn von den Kindern noch viele Verse dazu gedichtet werden.

Zirkus

181a

I. Gongschlag vor jedem Ritornell

Ritornell:

II. Die Musikkapelle

2. Räbete, . . . kling, kling, kling, kling, kling,

Die Musik ist da. (mit und)

Ostinato: auch Vor- und Nachspiel

III. Ritornell

181b

IV. Die Pferde

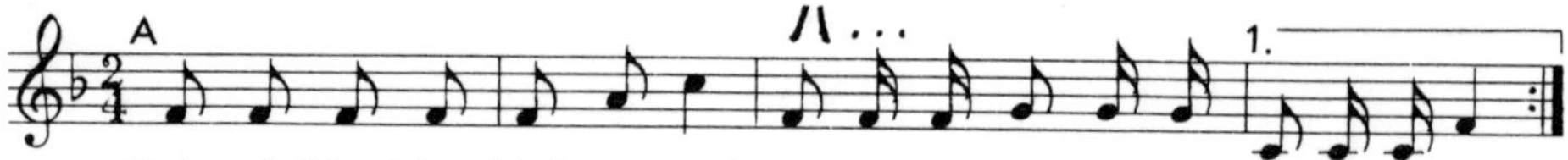

Vorspiel und Ostinato für Teil A :

V. Ritornell:

VI. Der Leiermann

2. Ach, du lieber Leiermann, spiel uns bitte mehr,
. . . Dü de lü dü . . . .

3. Ach, du lieber Leiermann, die Musik war schön, . . . Dü de lü dü . . . .

Ostinato:
(Vor-, Zwischen- und Nachspiel)

Der Leiermann trägt eine Schellertrommel und spielt beim Refrain mit

VII. Ritornell

VIII. Der Elefant

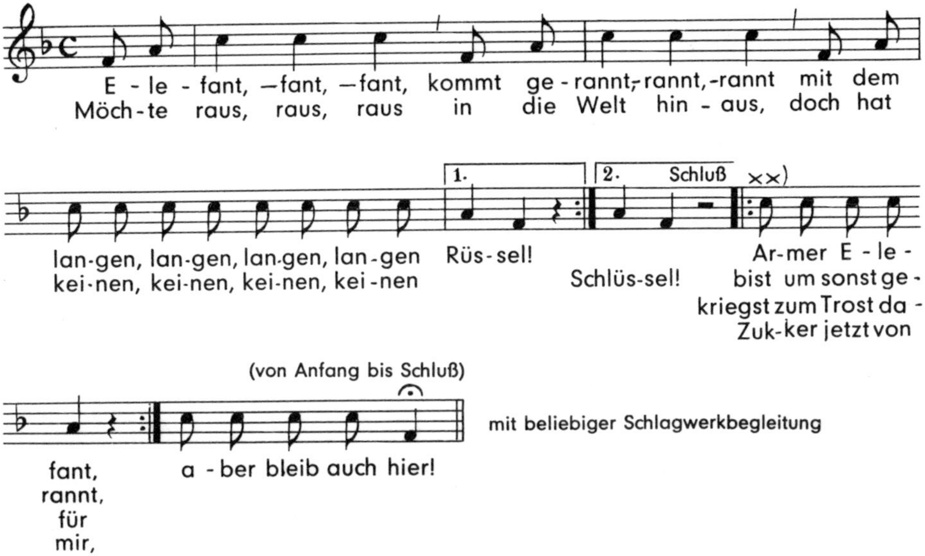

mit beliebiger Schlagwerkbegleitung

IX. Die Musikkapelle Vers 3 und 4

3. Räbete, ... tschin, tschin, tschin, ...
Die Musik ist da.

4. Räbete, ... bum, bum, bum, ...
Die Musik ist da. Die Musik ist da. (mit allen Instrumenten)

X. Ritornell: mit Veränderung in 2. Zeile: wir spielten, was . . . gut gefiel.

Auszug der Darsteller.

Lob + Dank

I. Ritornell

Ostinato: auch
Vor- und Nachspiel

II. Wechselgesang

III.

Begleitung wie Nr. 112

IV. Ritornell

V. Einzelne Kinder singen:

2. Die Fischlein, die da schwimmen, sind, Herr, vor Dir nicht stumm, Du hörest ihre Stimmen, ohn' dich kommt keines um.

3. Vor Dir tanzt in der Sonne der kleinen Mücklein Schwarm, zum Dank für Lebenswonne ist keins zu klein und arm.

VI. Zu Dir, zu Dir ruft Mensch

VII. Ritornell –

183a

Gottes Lob in der Schöpfung

I Ritornell

Ostinato:

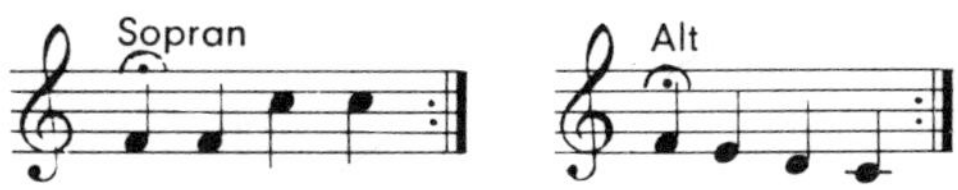

183b

II

2. Sing, meine Seele, singe dem Herrn! Er hat dich gern, gibt auf dich acht bei Tag und Nacht, hütet dein Herz in Freud und Schmerz. Sing, meine Seele, singe dem Herrn!
3. Dank', meine Seele, danke dem Herrn! Gott ist nicht fern. Der dich erschuf, hört deinen Ruf, Gnade und Heil wird dir zuteil. Dank', meine Seele, danke dem Herrn.

III Ritornell

IV Morgengebet oder Psalmworte im Wechsel

V Ritornell

VI

2. Vöglein singen hell und klar, bringen Gott ihr Loblied dar. Lobet Gott . . .
3. Blumen blühen bunt und schön. Lustig sind sie anzusehn, Lobet Gott . . .
4. Schauet über Berg und Tal, seht den Sommer überall! Lobet Gott . . .

Ostinato:

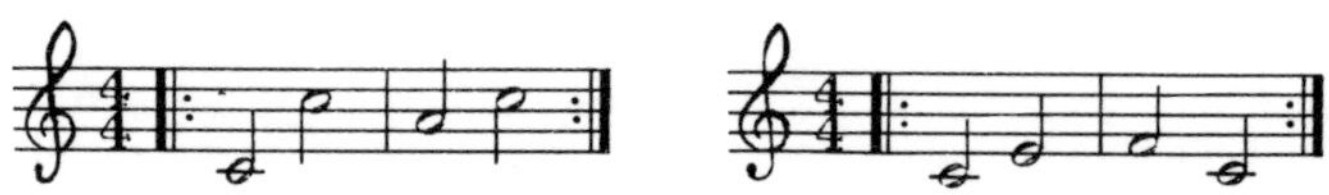

VII Ritornell

Advent + Weihnachten

I.

II.

III. Ritornell

Ostinato, auch Vor–Zwischen und Nachspiel:

IV.

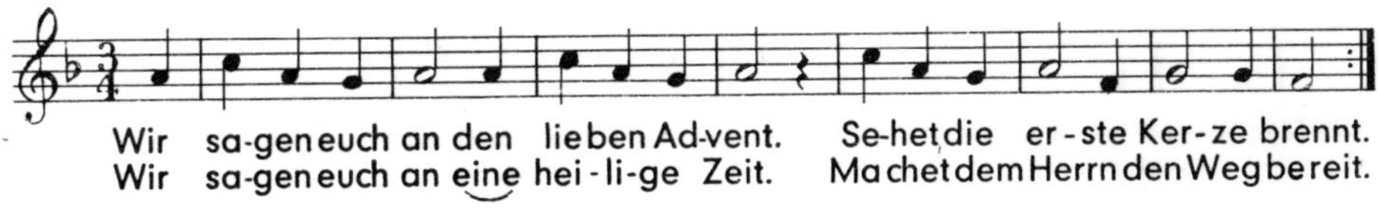

V.

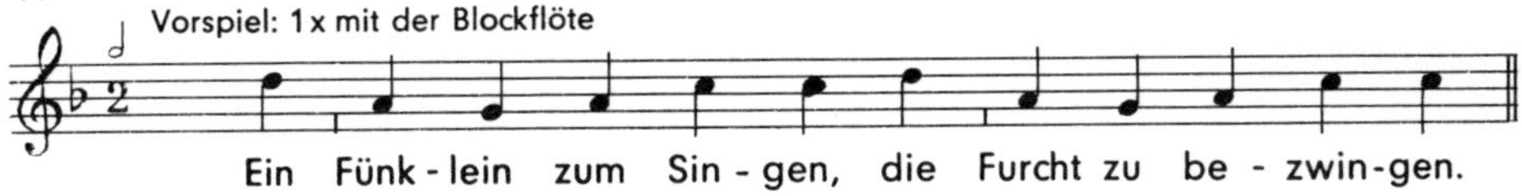

VI. Ritornell:

VII.

Ostinato:

VIII.

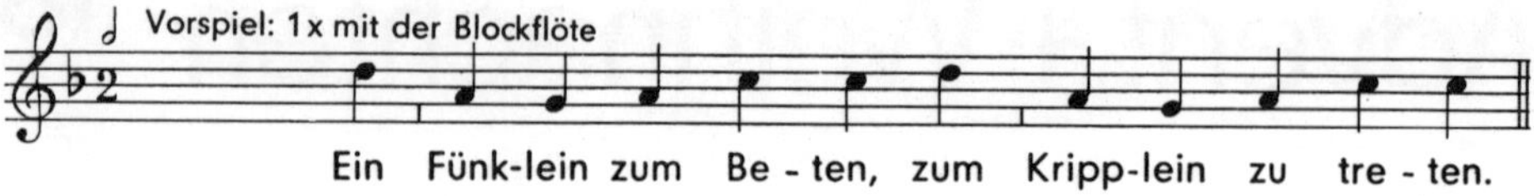

IX. Ritornell

X.

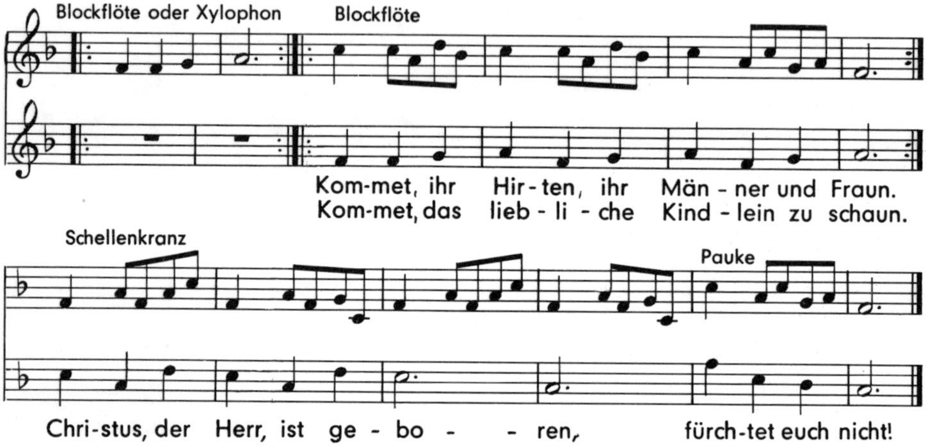

XI.

XII. Ritornell

XIII.

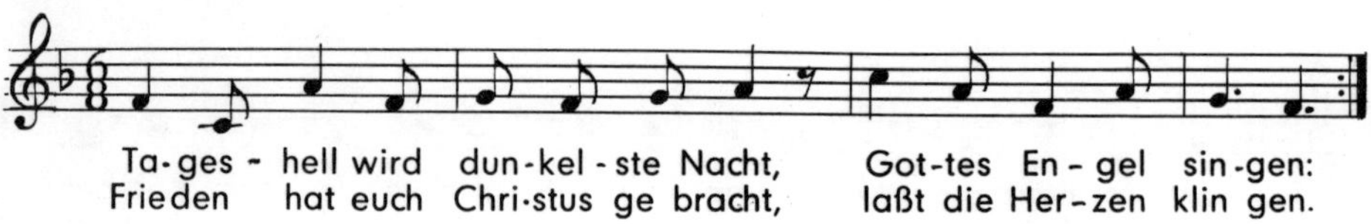

Q U E L L E N A N G A B E N

Die nicht aufgeführten Nummern sind Originalbeiträge

3, 9, 23, 27, 35, 37, 39, 41, 42, 44, 46, 48, 53, 61, 65, 79, 8o, 89, 91, 92, 94, 96, 97, 98, 1oo, 1o2, 1o4, 1o5, 1o8, 115, 118, 122, 123, 127, 134, 136, 15o, 155, 157	Joh. Holzmeister LIEDBLATTREIHE MOSAIK Fidula
4, 11, 17, 21, 34, 64, 69, 73, 84, 88, 168, 175, 176	R. R. Klein WILLKOMMEN, LIEBER TAG Diesterweg
5, 8, 36, 68	Hans Poser TINA, NELE + KATHREIN Möseler
7, 9o	Hans Poser DER FRÖHL.KINDERKALENDER Fidula
1o	Karl Foltz SING DOCH FRÖHLICH MIT Möseler, Wolfenbüttel
13, 55, 74, 173, 174, 177	Richard Rudolf Klein WILLKOMMEN, LIEBER TAG 2 Diesterweg, Frankfurt
25, 49, 52, 57, 112, 156, 17o	Richard Rudolf Klein KINDER MUSIZIEREN HEFT 7 Fidula
32, 11o	Samuel und Theophil Rothenberg KINDERLOB Merseburger, Berlin
38, 7o, 72, 1o1, 1o3	Wilhelm Keller LUDI MUSICI - SPIELLIEDER Fidula
43, 151	Heinz Lemmermann DER KLEINE GLOBUS Fidula
47, 5o, 54, 66, 153	Karl Foltz HÖRST DU NICHT DEN FEINEN TON Möseler, Wolfenbüttel
6o	Heinz Lemmermann DER REGENBOGEN Fidula
62	Wilhelm Bender UNSRE KATZ HEISST MOHRLE Robert Rühle, München
75	Karl Berg DAS SPATZENKONZERT Fidula
83, 85, 87	MARTINS- UND LATERNENLIEDER Fidula
95, 1o6	Herbert Beuerle SING MIT 3 Burckhardthaus, Gelnhausen
99	Gerd Watkinson 111 KINDERLIEDER ZUR BIBEL Kaufmann + Christophorus, Freiburg
113, 117, 12o	Richard R. Klein KINDER MUSIZIEREN Heft 9 Fidula
121	SO SINGEN WIR Verlag Singende Gemeinde, Vluyn
161, 162	Thilde Lorenz DER ZIPPELZAPPELMANN Fidula
164, 165, 166, 167	Hans Poser MÄRCHENLIEDER Fidula

INHALTSVERZEICHNIS

Die folgenden Lieder sind als Lehrmittel erschienen auf FIDULAFON - **SCHALLPLATTEN**

55	Der Mai zieht ein	FidulaFON **1105** FRÜHLINGSLIEDER
43	Mich dünkt, wir geben einen Ball	
151	Hei, mein Pferdchen läuft	FidulaFON **1159** DER KLEINE GLOBUS
46	Es war einmal ein Käferlein	FidulaFON **1190** SONGS FÜR KINDER
52	Auf unserm Speicher	FidulaFON **1163** KINDERREIME
57	Soviel Blümlein in den Feldern	FidulaFON **1150** WIR GRATULIEREN
83	Ich hab eine feine Laterne	
85	Licht in der Laterne	FidulaFON **1124** LATERNENLIEDER
87	Durch die Straßen	
91	Nikolaus, Nikolaus	FidulaFON **1126**
96	Wir sagen euch an den lb. Advent	FidulaFON ADVENT
1oo	Wie bin ich froh	+ NIKOLAUSLIEDER
98	Seht, es naht die heilige Zeit	
1o5	Christ ist geboren	FidulaFON **3030** WEIHNACHTSLIEDER
1o3	Ihr Hirten, ihr Hirten	FidulaFON **2501** WEIHNACHTSSPIEL
1o8	Christus ist geboren	FidulaFON **1113** DES BIN ICH FROH
117	Mein Herz ist bereit	FidulaFON **1164** KINDERPSALMEN
156	Dreh dich um	FidulaFON **1163** KINDERLIEDER
164	Knusper, knusper, knäuschen	FidulaFON **1169**
165	Sieben kleine Geißlein	MÄRCHENLIEDER 2
166	Wir sind die sieben Zwerge	FidulaFON **1170** KINDERTÄNZE